U0570094

紹興縣志採訪稿

1

紹興大典

史部

中華書局

圖書在版編目（CIP）數據

紹興縣志採訪稿 / 紹興縣修志採訪處輯録 . －北京：中華書局，2024.6. －（紹興大典）. － ISBN 978-7-101-16899-0

Ⅰ . K295.54

中國國家版本館 CIP 數據核字第 20249KN728 號

書　　名	紹興縣志採訪稿（全七册）
叢 書 名	紹興大典・史部
輯 録 者	紹興縣修志採訪處
項目策劃	許旭虹
責任編輯	梁五童
裝幀設計	許麗娟
責任印製	管　斌
出版發行	中華書局
	（北京市豐臺區太平橋西里38號 100073）
	http: // www. zhbc. com. cn
	E-mail: zhbc@zhbc. com. cn
印　　刷	天津藝嘉印刷科技有限公司
版　　次	2024年6月第1版
	2024年6月第1次印刷
規　　格	開本787 × 1092毫米　1/16
	印張24514　插頁7
國際書號	ISBN 978-7-101-16899-0
定　　價	3180.00元

學術顧問

（按姓氏筆畫排序）

安平秋　李　岩　吴　格

袁行霈　張志清　葛劍雄

樓宇烈

編纂工作指導委員會

主　　任　盛閲春（二〇二二年九月至二〇二三年一月在任）

温　暖　施惠芳　肖啓明　熊遠明

第一副主任　丁如興

副 主 任　陳偉軍　汪俊昌　馮建榮

成　　員（按姓氏筆畫排序）

王静静　朱全紅　沈志江　金水法　俞正英

胡華良　茹福軍　徐　軍　陳　豪　黄旭榮

裘建勇　樓　芳　魯霞光　魏建東

編纂委員會

主　　編　馮建榮

副 主 編　黃錫雲　尹　濤　王静静　李聖華　陳紅彦

委　　員（按姓氏筆畫排序）

王静静　尹　濤　那　艷　李聖華　俞國林

陳紅彦　陳　誼　許旭虹　馮建榮　葉　卿

黃錫雲　黃顯功　楊水土

史部主編　黃錫雲　許旭虹

序

紹興是國務院公布的首批中國歷史文化名城，是中華文明的多點起源地之一和越文化的發祥、壯大之地。從嵊州小黄山遺址迄今，已有一萬多年的文化史；從大禹治水迄今，已有四千多年的文明史；從越國築句踐小城和山陰大城迄今，已有兩千五百多年的建城史。建炎四年（一一三〇），宋高宗駐蹕越州，取義「紹奕世之宏庥，興百年之丕緒」，次年改元紹興，賜名紹興府，領會稽、山陰、蕭山、諸暨、餘姚、上虞、嵊、新昌等八縣。元改紹興路，明初復爲紹興府，清沿之。

紹興坐陸面海，嶽峙川流，風光綺麗，物産富饒，民風淳樸，士如過江之鯽，彬彬稱盛。春秋末越國有「八大夫」佐助越王卧薪嘗膽，力行「五政」，崛起東南，威續戰國，四分天下有其一，成就越文化的第一次輝煌。秦漢一統後，越文化從尚武漸變崇文。晋室東渡，北方士族大批南遷，王、謝諸大家紛紛遷居於此，一時人物之盛，雲蒸霞蔚，學術與文學之盛冠於江左，給越文化注入了新的活力。唐時的越州是詩人行旅歌詠之地，形成一條江南唐詩之路。至宋代，尤其是宋室南遷後，越中理學繁榮，文學昌盛，領一時之先。明代陽明心學崛起，這一時期的越文化，宣導致良知、知行合一，重於事功，伴隨而來的是越中詩文、書畫、戲曲的興盛。明清易代，有劉宗周等履忠蹈義，慷慨赴死，亦有黄宗羲率其門人，讀書窮經，關注世用，成其梨洲一派。至清中葉，會稽章學誠等人紹承梨洲之學而開浙東史學之新局。晚清至現代，越中知識分子心懷天下，秉持先賢「膽劍精神」，再次站在歷史變革的潮頭，蔡元培、魯迅等人「開拓越學」，使紹興成爲新文化運動和新民主主義革命的重要陣地。越文化兼容並包，與時偕變，勇於創新，隨着中國社會歷史的變遷，無論其内涵和特質發生何種變化，均以其獨特、强盛的生命力，推動了中華文明的發展。

文獻典籍承載着廣博厚重的精神財富、生生不息的歷史文脉。紹興典籍之富，甲於東南，號爲文獻之邦。從兩漢到魏晋再至近現代，紹興人留下了浩如烟海、綿延不斷的文獻典籍。陳橋驛先生在《紹興地方文獻考録・前言》中説：「紹興是我國歷史上地方文獻最豐富的地方之一。」有我國地方志的開山之作《越絶書》，有唯物主義的哲學巨著《論衡》，有書法藝術和文學價值均登峰造極的《蘭亭集序》，有詩爲「中興之冠」的陸游《劍南詩稿》，有輯録陽明心學精義的儒學著作《傳習録》等，這些文獻，不僅對紹興一地具有重要價值，對浙江乃至全國來説，也有深遠意義。

紹興藏書文化源遠流長。歷史上的藏書家多達百位，知名藏書樓不下三十座，其中以澹生堂最爲著名，藏書十萬餘卷。近現代，紹興又首開國内公共圖書館之先河。光緒二十六年（一九〇〇），紹興鄉紳徐樹蘭獨力捐銀三萬餘兩，圖書七萬餘卷，創辦國内首個公共圖書館——古越藏書樓。越中多名士，自也與藏書聚書風氣有關。

習近平總書記强調，「我們要加强考古工作和歷史研究，讓收藏在博物館裏的文物、陳列在廣闊大地上的遺産、書寫在古籍裏的文字都活起來，豐富全社會歷史文化滋養」。黨的十八大以來，黨中央站在實現中華民族偉大復興的高度，對傳承和弘揚中華優秀傳統文化作出一系列重大決策部署。中共中央辦公廳、國務院辦公廳二〇一七年一月印發了《關於實施中華優秀傳統文化傳承發展工程的意見》，二〇二二年四月又印發了《關於推進新時代古籍工作的意見》。

盛世修典，是中華民族的優秀傳統，是國家昌盛的重要象徵。近年來，紹興地方文獻典籍的利用呈現出多層次、多方位探索的局面，從文史界到全社會都在醖釀進一步保護、整理、開發、利用紹興歷史文獻的措施，形成了廣泛共識。中共紹興市委、市政府深入學習貫徹習近平總書記重要指示精神，積極響應國家重大戰略部署，以提振紹興人文氣運的文化自覺和存續一方文脉的歷史擔當，作出了編纂出版《紹興大典》的重大決定，計劃用十年時間，系統、全面、客觀梳理紹興文化傳承脉絡，收集、整理、編纂、出版紹興地方歷史文獻。二〇二二年十月，中共紹興市委辦公室、紹興市人民政府辦公室印發《關於〈紹興大典〉編纂出版工作實施方案的通知》。自此，《紹興大典》編纂出版各項工作開始有序推進。

百餘年前，魯迅先生提出「開拓越學，俾其曼衍，至於無疆」的願景，今天，我們繼先賢之志，實施紹興歷史上前無古人的文化工程，希冀通過《紹興大典》的編纂出版，從浩瀚的紹興典籍中尋找歷史印記，從豐富的紹興文化中挖掘鮮活資源，從悠遠的紹興歷史中把握發展脉絡，古爲今用，繼往開來，爲新時代「文化紹興」建設注入强大動力。我們將懷敬畏之心，以古人「三不朽」的立德修身要求，爲紹興這座中國歷史文化名城和「東亞文化之都」立傳畫像，爲全世界紹興人築就恒久的精神家園。

是爲序。

温暖

二〇二三年十月

前言

越國故地，是中華文明的重要起源地，中華優秀傳統文化的重要貢獻地，中華文獻典籍的重要誕生地。紹興，是越國古都，國務院公布的第一批歷史文化名城。編纂出版《紹興大典》，是綿延中華文獻之大計，弘揚中華文化之良策，傳承中華文明之壯舉。

一

紹興有源遠流長的文明，是中華文明的縮影。

中國有百萬年的人類史，一萬年的文化史，五千多年的文明史。中華文明，是中華民族長期實踐的積累，集體智慧的結晶，不斷發展的產物。各個民族，各個地方，都爲中華文明作出了自己獨具特色的貢獻。紹興人同樣爲中華文明的起源與發展，作出了自己傑出的貢獻。

現代考古發掘表明，早在約十六萬年前，於越先民便已經在今天的紹興大地上繁衍生息。二〇一七年初，在嵊州崇仁安江村蘭山廟附近，出土了於越先民約十六萬年前使用過的打製石器[一]。這是曹娥江流域首次發現的舊石器遺存，爲探究這一地區中更新世晚期至晚更新世早期的人類活動、

[一] 陸瑩等撰《浙江蘭山廟舊石器遺址網紋紅土釋光測年》，《地理學報》英文版，二〇二〇年第九期，第一四三六至一四五〇頁。

華南地區與現代人起源的關係、小黃山遺址的源頭等提供了重要綫索。

距今約一萬至八千年的嵊州小黃山遺址〔一〕，於二〇〇六年與上山遺址一起，被命名爲上山文化。該遺址中的四個重大發現，引人矚目：一是水稻實物的穀粒印痕遺存，以及儲藏坑、鐮形器、石磨棒、石磨盤等稻米儲存空間與收割、加工工具的遺存；二是種類與器型衆多的夾砂、夾炭、夾灰紅衣陶與黑陶等遺存；三是我國迄今發現的最早的立柱建築遺存，以及石杵立柱遺存；四是我國新石器時代遺址中迄今發現的最早的石雕人首。

蕭山跨湖橋遺址出土的山茶種實，表明於越先民在八千多年前已開始對茶樹及茶的利用與探索〔二〕。距今約六千年前的餘姚田螺山遺址發現的山茶屬茶樹根遺存，有規則地分布在聚落房屋附近，特别是其中出土了一把與現今茶壺頗爲相似的陶壺，表明那時的於越先民已經在有意識地種茶用茶了〔三〕。

對美好生活的嚮往無止境，創新便無止境。於越先民在一萬年前燒製出世界上最早的彩陶的基礎上〔四〕，經過數千年的探索實踐，終於在夏商之際，燒製出了人類歷史上最早的原始瓷〔五〕；繼而又在東漢時，燒製出了人類歷史上最早的成熟瓷。現代考古發掘表明，漢時越地的窑址，僅曹娥江兩岸的上虞，就多達六十一處〔六〕。

中國是目前發現早期稻作遺址最多的國家，是世界上最早發現和利用茶樹的國家，更是瓷器的故

〔一〕浙江省文物考古研究所編《上山文化：發現與記述》，文物出版社二〇一六年版，第七一頁。

〔二〕浙江省文物考古研究所、蕭山博物館編《跨湖橋》，文物出版社二〇〇四年版，彩版四五。

〔三〕北京大學中國考古學研究中心、浙江省文物考古研究所編《田螺山遺址自然遺存綜合研究》，文物出版社二〇一一年版，第一一七頁。

〔四〕孫瀚龍、趙曄著《浙江史前陶器》，浙江人民出版社二〇二二年版，第三頁。

〔五〕鄭建華、謝西營、張馨月著《浙江古代青瓷》，浙江人民出版社二〇二二年版，上册，第四頁。

〔六〕宋建明主編《早期越窑——上虞歷史文化的豐碑》，中國書店二〇一四年版，第二四頁。

鄉。《(嘉泰)會稽志》卷十七記載「會稽之産稻之美者,凡五十六種」,稻作文明的進步又直接促成了紹興釀酒業的發展。同卷又單列「日鑄茶」一條,釋曰「日鑄嶺在會稽縣東南五十五里,嶺下有僧寺名資壽,其陽坡名油車,朝暮常有日,産茶絶奇,故謂之日鑄」。可見紹興歷史上物質文明之發達,真可謂「天下無儔」。

二

紹興有博大精深的文化,是中華文化的縮影。

文化是一條源遠流長的河,流過昨天,流到今天,還要流向明天。悠悠萬事若曇花一現,唯有文化與日月同輝。

大量的歷史文獻與遺址古迹表明,四千多年前,大禹與紹興結下了不解之緣。大禹治平天下之水,漸九川,定九州,至於諸夏乂安,《史記·夏本紀》載:「禹會諸侯江南,計功而崩,因葬焉,命曰會稽。會稽者,會計也。」裴駰注引《皇覽》曰:「禹冢在山陰縣會稽山上。會稽山本名苗山,在縣南,去縣七里。」《(嘉泰)會稽志》卷六「大禹陵」:「禹巡守江南,上苗山,會稽諸侯,死而葬焉。……劉向書云:禹葬會稽,不改其列,謂不改林木百物之列也。苗山自禹葬後,更名會稽。是山之東,有隴隱若劍脊,西嚮而下,下有窆石,或云此正葬處。」另外,大禹在以會稽山爲中心的越地,還有一系列重大事迹的記載,包括娶妻塗山、得書宛委、畢功了溪、誅殺防風、禪祭會稽、築治邑室等。

以至越王句踐,「其先禹之苗裔,而夏后帝少康之庶子也,封於會稽,以奉守禹之祀」(《史記·越王句踐世家》)。句踐的功績,集中體現在他一系列的改革舉措以及由此而致的强國大業上。

他創造了「法天象地」這一中國古代都城選址與布局的成功範例，奠定了近一個半世紀越國號稱天下强國的基礎，造就了紹興發展史上的第一個高峰，更實現了東周以來中國東部沿海地區暨長江下游地區的首次一體化，讓人們在數百年的分裂戰亂當中，依稀看到了一統天下的希望，爲後來秦始皇統一中國，建立真正大一統的中央政權，進行了區域性的準備。因此，司馬遷稱：「苗裔句踐，苦身焦思，終滅强吴，北觀兵中國，以尊周室，號稱霸王。句踐可不謂賢哉！蓋有禹之遺烈焉。」

千百年來，紹興涌現出了諸多譽滿海内、雄稱天下的思想家，他們的著述世不絶傳、遺澤至今，他們的思想卓犖英發、光彩奪目。哲學領域，聚諸子之精髓，啓後世之思想。政治領域，以家國之情懷，革社會之弊病。經濟領域，重生民之生業，謀民生之大計。教育領域，育天下之英才，啓時代之新風。史學領域，創史志之新例，傳千年之文脉。

紹興是中國古典詩歌藝術的寶庫。四言詩《候人歌》被稱爲「南音之始」。於越《彈歌》是我國文學史上僅存的二言詩。《越人歌》是越地的第一首情歌、中國的第一首譯詩。山水詩的鼻祖，是上虞人謝靈運。唐代，這裏涌現出了賀知章等三十多位著名詩人。宋元時，這裏出了别開詩歌藝術天地的陸游、王冕、楊維楨。

紹興是中國傳統書法藝術的故鄉。鳥蟲書與《會稽刻石》中的小篆，影響深遠。中國的文字成爲藝術品之習尚，文字由書寫轉向書法，是從越人的鳥蟲書開始的。而自王羲之《蘭亭序》之後，紹興更是成爲中國書法藝術的聖地。翰墨碑刻，代有名家精品。

紹興是中國古代繪畫藝術的重鎮。世界上最早彩陶的燒製，展現了越人的審美情趣。「文身斷髮」與「鳥蟲書」，實現了藝術與生活最原始的結合。戴逵與戴顒父子、僧仲仁、王冕、徐渭、陳洪綬、趙之謙、任熊、任伯年等在中國繪畫史上有開宗立派的地位。

一九一二年一月，魯迅爲紹興《越鐸日報》創刊號所作發刊詞中寫道：「於越故稱無敵於天下，海岳精液，善生俊異，後先絡繹，展其殊才；其民復存大禹卓苦勤勞之風，同句踐堅確慷慨之志，力作治生，綽然足以自理。」可見，紹興自古便是中華文化的重要發源地與傳承地，紹興人更是世代流淌着「卓苦勤勞」「堅確慷慨」的精神血脉。

三

紹興有琳琅滿目的文獻，是中華文獻的縮影。

自有文字以來，文獻典籍便成了人類文明與人類文化的基本載體。紹興地方文獻同樣爲中華文明與中華文化的傳承發展，作出了傑出的貢獻。

中華文明之所以成爲世界上唯一没有中斷、綿延至今、益發輝煌的文明，在於因文字的綿延不絶而致的文獻的源遠流長、浩如煙海。中華文化之所以成爲中華民族有别於世界上其他任何民族的顯著特徵並流傳到今天，靠的是中華兒女一代又一代的言傳身教、口口相傳，更靠的是文獻典籍一代又一代的忠實書寫、守望相傳。

無數的甲骨、簡牘、古籍、拓片等中華文獻，無不昭示着中華文明的光輝燦爛、欣欣向榮，無不昭示着中華文化的廣博淵綜、蒸蒸日上。它們既是中華文明與中華文化的基本載體，又是中華文明與中華文化的重要組成部分，是十分重要的物質文化遺産。

紹興地方文獻作爲中華文獻重要的組成部分，積澱極其豐厚，特色十分明顯。

（一）文獻體系完備

紹興的文獻典籍根基深厚，載體體系完備，大體經歷了四個階段的歷史演變。

一是以刻符、紋樣、器型爲主的史前時代。代表性的，有作爲上山文化的小黄山遺址中出土的彩陶上的刻符、印紋、圖案等。

二是以金石文字爲主的銘刻時代。代表性的，有越國時期玉器與青銅劍上的鳥蟲書等銘文、秦《會稽刻石》、漢「大吉」摩崖、漢魏六朝時的會稽磚甓銘文與會稽青銅鏡銘文等。

三是以雕版印刷爲主的版刻時代。代表性的，有中唐時期越州刊刻的元稹、白居易的詩集。唐長慶四年（八二四），浙東觀察使兼越州刺史元稹，在爲時任杭州刺史的好友白居易《白氏長慶集》所作的序言中寫道：「揚、越間多作書模勒樂天及予雜詩，賣於市肆之中也。」這是有關中國刊印書籍的最早記載之一，説明越地開創了「模勒」這一雕版印刷的風氣之先。宋時，兩浙路茶鹽司等機關和紹興府、紹興府學等，競相刻書，版刻業快速繁榮，紹興成爲兩浙乃至全國的重要刻書地，所刻之書多稱「越本」「越州本」。明代，紹興刊刻呈現出了官書刻印多、鄉賢先哲著作和地方文獻多、私家刻印特色叢書多的特點。清代至民國，紹興整理、刊刻古籍叢書成風，趙之謙、平步青、徐友蘭、章壽康、羅振玉等，均有大量輯刊，蔡元培早年應聘於徐家校書達四年之久。

四是以機器印刷爲主的近代出版時期。這一時期呈現出傳統技術與西方新技術並存、傳統出版物與維新圖强讀物並存的特點。代表性的出版機構，在紹興的有徐友蘭於一八六二年創辦的墨潤堂等。另外，吴隱於一九〇四年參與創辦了西泠印社；紹興人沈知方於一九一二年參與創辦了中華書局，還於一九一七年創辦了世界書局。代表性的期刊，有羅振玉於一八九七年在上海創辦的《農學報》，杜亞泉於一九〇一年在上海創辦的《普通學報》，羅振玉於一九〇一年在上海發起、王國維主筆的《教育世界》，杜亞泉等於一九〇二年在上海編輯的《中外算報》，秋瑾於一九〇七年在上海創辦的《中國女報》等。代表性的報紙，有蔡元培於一九〇三年在上海創辦的《俄事警聞》等。

紹興文獻典籍的這四個演進階段，既相互承接，又各具特色，充分彰顯了走在歷史前列、引領時代潮流的特徵，總體上呈現出了載體越來越多元、內涵越來越豐富、傳播越來越廣泛、對社會生活的影響越來越深遠的歷史趨勢。

（二）藏書聲聞華夏

紹興歷史上刻書多，便爲藏書提供了前提條件，因而藏書也多。大禹曾「登宛委山，發金簡之書，案金簡玉字，得通水之理」（《吴越春秋》卷六），還「巡狩大越，見耆老，納詩書」（《越絶書》卷八），這是紹興有關采集收藏圖書的最早記載。句踐曾修築「石室」藏書，「晝書不倦，晦誦竟旦」（《越絶書》卷十二）。

造紙術與印刷術的發明和推廣，使得書籍可以成批刷印，爲藏書提供了極大便利。王充得益於藏書資料，寫出了不朽的《論衡》。南朝梁時，山陰人孔休源「聚書盈七千卷，手自校治」（《梁書·孔休源傳》），成爲紹興歷史上第一位有明文記載的藏書家。唐代時，越州出現了集刻書、藏書、讀書於一體的書院。五代十國時，南唐會稽人徐鍇精於校勘，雅好藏書，「江南藏書之盛，爲天下冠，鍇力居多」（《南唐書·徐鍇傳》）。

宋代雕版印刷術日趨成熟，爲書籍的化身千百與大規模印製創造了有利條件，也爲藏書提供了更多來源。特別是宋室南渡、越州升爲紹興府後，更是出現了以陸氏、石氏、李氏、諸葛氏等爲代表的藏書世家。陸游曾作《書巢記》，稱「吾室之内，或棲於櫝，或陳於前，或枕藉於床，俯仰四顧，無非書者」。《（嘉泰）會稽志》中專設《藏書》一目，説明了當時藏書之風的盛行。元時，楊維楨「積書數萬卷」（《鐵笛道人自傳》）。

明代藏書業大發展，出現了鈕石溪的世學樓等著名藏書樓。其中影響最大的藏書家族，當數山陰祁氏；影響最大的藏書樓，當數祁承㸁創辦的澹生堂，至其子彪佳時，藏書達三萬多卷。

清代是紹興藏書業的鼎盛時期，有史可稽者凡二十六家，諸如章學誠、李慈銘、陶濬宣等。上虞王望霖建天香樓，藏書萬餘卷，尤以藏書家之墨迹與鈎摹鐫石聞名。徐樹蘭創辦的古越藏書樓，以存古開新爲宗旨，以資人觀覽爲初心，成爲中國近代第一家公共圖書館。

民國時，代表性的紹興藏書家與藏書樓有：羅振玉的大雲書庫、徐維則的初學草堂、蔡元培創辦的養新書藏、王子餘開設的萬卷書樓、魯迅先生讀過書的三味書屋等。

根據二〇一六年完成的古籍普查結果，紹興全市十家公藏單位，共藏有一九一二年以前産生的中國傳統裝幀書籍與民國時期的傳統裝幀書籍三萬九千七百七十七種、二十二萬六千一百二十五册，分别占了浙江省三十三萬七千四百零五種的百分之十一點七九、二百五十萬六千六百三十三册的百分之九點零二。這些館藏的文獻典籍，有不少屬於名人名著，其中包括在别處難得見到的珍稀文獻。這是紹興這個地靈人傑的文獻名邦確實不同凡響的重要見證。

一部紹興的藏書史，其實也是一部紹興人的讀書、用書、著書史。歷史上的紹興，刻書、藏書、讀書、用書、著書，良性循環，互相促進，成爲中國文化史上一道亮麗的風景。

（三）著述豐富多彩

紹興自古以來，論道立説、卓然成家者代見輩出，創意立言、名動天下者繼踵接武，歷朝皆有傳世之作，各代俱見槃槃之著。這些文獻，不僅對紹興一地有重要價值，而且也是浙江文化乃至中國古代文化的重要組成部分。

一是著述之風，遍及各界。越人的創作著述，文學之士自不待言，爲政、從軍、業賈者亦多喜筆耕，屢有不刊之著。甚至於鄉野市井之口頭創作、謡歌俚曲，亦代代敷演，蔚爲大觀，其中更是多有内藴厚重、哲理深刻、色彩斑斕之精品，遠非下里巴人，足稱陽春白雪。

二是著述整理，尤爲重視。越人的著述，包括對越中文獻乃至我國古代文獻的整理。宋孔延之的《會稽掇英總集》，清杜春生的《越中金石記》，近代魯迅的《會稽郡故書雜集》等，都是收輯整理地方文獻的重要成果。陳橋驛所著《紹興地方文獻考録》，是另一種形式的著述整理，其中考録一九四九年前紹興地方文獻一千二百餘種。清代康熙年間，紹興府山陰縣吴楚材、吴調侯叔侄選編的《古文觀止》，自問世以來，一直是古文啓蒙的必備書，也深受古文愛好者的推崇。

三是著述領域，相涉廣泛。越人的著述，涉及諸多領域。其中古代以經、史與諸子百家研核之作爲多，且基本上涵蓋了經、史、子、集的各個分類，近現代以文藝創作爲多，當代則以科學研究論著爲多。這也體現了越中賢傑經世致用、與時俱進的家國情懷。

四

盛世修典，承古啓新，以「紹興」之名，行紹興之實。

紹興這個名字，源自宋高宗的升越州爲府，並冠以年號，時在紹興元年（一一三一）的十月廿六日。這是對這座城市傳統的畫龍點睛。紹興這兩個字合在一起，藴含的正是承繼前業而壯大之、開創未來而昌興之的意思。數往而知來，今天的紹興人正賦予這座城市、這個名字以新的意藴，那就是繼承中華優秀傳統文化，建設中華民族現代文明，爲實現中華民族偉大復興，作出自己新的更大的貢獻。

編纂出版《紹興大典》，正是紹興地方黨委、政府文化自信、文化自覺的體現，是集思廣益、精心實施的德政，是承前啓後、繼往開來的偉業。

（一）科學的決策

《紹興大典》的編纂出版，堪稱黨委、政府科學決策的典範。二〇二〇年十二月十一日，中共紹興市委八届九次全體（擴大）會議審議通過了關於紹興市「十四五」規劃和二〇三五年遠景目標的建議，其中首次提出要啓動《紹興大典》的編纂出版工作。

二〇二一年二月五日，紹興市第八届人民代表大會第六次會議批准了市政府根據市委建議編製的紹興市「十四五」規劃和二〇三五年遠景目標綱要，其中又專門寫到要啓動《紹興大典》的編纂出版工作。二月八日，紹興市人民政府正式印發了這個重要文件。

二〇二二年二月二十八日的中共紹興市第九次代表大會市委工作報告與三月三十日的紹興市九届人大一次會議政府工作報告，均對編纂出版《紹興大典》提出了要求。

二〇二二年九月十五日，紹興市人民政府第十一次常務會議專題聽取了《〈紹興大典〉編纂出版工作實施方案》起草情况的匯報，决定根據討論意見對實施意見進行修改完善後，提交市委常委會議審議。九月十六日，中共紹興市委九届二十次常委會議專題聽取《〈紹興大典〉編纂出版工作實施方案》起草情況的匯報，並進行了討論，決定批准這個方案。十月十日，中共紹興市委辦公室、紹興市人民政府辦公室正式印發了《〈紹興大典〉編纂出版工作實施方案》。

（二）嚴謹的體例

在中共紹興市委、紹興市人民政府研究批准的實施方案中，《紹興大典》編纂出版的各項相關事宜，均得以明確。

一是主要目標。系統、全面、客觀梳理紹興文化傳承脉絡，收集、整理、編纂、研究、出版紹興地方文獻，使《紹興大典》成爲全國鄉邦文獻整理編纂出版的典範和紹興文化史上的豐碑，爲努力打造「文獻保護名邦」「文史研究重鎮」「文化轉化高地」三張紹興文化的金名片作出貢獻。

二是收録範圍。《紹興大典》收録的時間範圍爲：起自先秦時期，迄至一九四九年九月三十日，部分文獻酌情下延。地域範圍爲：今紹興市所轄之區、縣（市），兼及歷史上紹興府所轄之蕭山、餘姚。內容範圍爲：紹興人的著述，域外人士有關紹興的著述，歷史上紹興刻印的古籍善本和紹興收藏的珍稀古籍善本。

三是編纂方法。對所録文獻典籍，按經、史、子、集和叢五部分類方法編纂出版。

根據實施方案明確的時間安排與階段劃分，在具體編纂工作中，采用先易後難、先急後緩，邊編纂出版、邊深入摸底的方法。即先編纂出版情況明瞭、現實急需的典籍，與此同時，對面上的典籍情況進行深入的摸底調查。這樣的方法，既可以用最快的速度出書，以滿足保護之需、利用之需，又可以爲一些難題的破解争取時間；既可以充分發揮我國實力最强的專業古籍出版社中華書局的編輯出版優勢，又可以充分借助與紹興相關的典籍一半以上收藏於我國古代典籍收藏最爲宏富的國家圖書館的優勢。這是最大限度地避免時間與經費上的重複浪費的方法，也是地方文獻編纂出版工作方法上的創新。

另外，還將適時延伸出版《紹興大典·要籍點校叢刊》《紹興大典·文獻研究叢書》《紹興大典·善本影真叢覽》等。

（三）非凡的意義

正如紹興的文獻典籍在中華文獻典籍史上具有重要的影響那樣，編纂出版《紹興大典》的意義，同樣也是非同尋常的。

一是編纂出版《紹興大典》，對於文獻典籍的更好保護——活下來，具有非同尋常的意義。歷史上的文獻典籍，是中華文明歷經滄桑留下的最寶貴的東西。然而，這些瑰寶或因天災人禍，或因自然老化，或因使用過度，或因其他緣故，有不少已經處於岌岌可危甚至奄奄一息的境況。

編纂出版《紹興大典》，可以爲系統修復、深度整理這些珍貴的古籍争取時間；可以最大限度呈現底本的原貌，緩解藏用的矛盾，更好地方便閱讀與研究。這是文獻典籍眼下的當務之急，最好的續命之舉。

二是編纂出版《紹興大典》，對於文獻典籍的更好利用——活起來，具有非同尋常的意義。歷史上的文獻典籍，流傳到今天，實屬不易，殊爲難得。它們雖然大多保存完好，其中不少還是善本，但分散藏於公私，積久塵封，世人難見；也有的已成孤本，或至今未曾刊印，僅有稿本、抄本，秘不示人，無法查閱。

編纂出版《紹興大典》，將穿越千年的文獻、深庋密鎖的秘藏、散落全球的珍寶匯聚起來，化身萬千，走向社會，走近讀者，走進生活，既可防它們失傳之虞，又可使它們嘉惠學林，也可使它們古爲今用，文旅融合，還可使它們延年益壽，推陳出新。這是於文獻典籍利用一本萬利、一舉多得的好事。

三是編纂出版《紹興大典》，對於文獻典籍的更好傳承——活下去，具有非同尋常的意義。歷史上的文獻典籍，能保存至今，是先賢們不惜代價，有的是不惜用生命爲代價換來的。對這些傳承至今的古籍本身，我們應當倍加珍惜。

編纂出版《紹興大典》，正是爲了述録先人的開拓，啓迪來者的奮鬥，使這些珍貴古籍世代相傳，使蘊藏在這些珍貴古籍身上的中華優秀傳統文化世代相傳。這是中華文化創造性轉化、創新性發展的通途所在。

編纂出版《紹興大典》，是紹興文化發展史上的曠古偉業。編成後的《紹興大典》，將成爲全國範圍内的同類城市中，第一部收録最爲系統、内容最爲豐贍、品質最爲上乘的地方文獻集成。

紹興這個地方，古往今來，都在不懈超越。超乎尋常，追求卓越。超越自我，超越歷史。《紹興大典》的編纂出版，無疑會是紹興文化發展史上的又一次超越。

道阻且長，行則將至；行而不輟，成功可期。「後之視今，亦猶今之視昔」；「後之覽者，亦將有感於斯文」（《蘭亭集序》）。讓我們一起努力吧！

馮建榮

二〇二三年六月十日，星期六，成稿於寓所

二〇二三年中秋、國慶假期，校改於寓所

編纂説明

紹興古稱會稽，歷史悠久。

大禹治水，畢功了溪，計功今紹興城南之茅山（苗山），崩後葬此，此山始稱會稽，此地因名會稽，距今四千多年。

大禹第六代孫夏后少康封庶子無餘於會稽，以奉禹祀，號曰「於越」，此爲吾越得國之始。《竹書紀年》載，成王二十四年，於越來賓。是亦此地史載之始。

距今兩千五百多年，越王句踐遷都築城於會稽山之北（今紹興老城區），是爲紹興建城之始，於今城不移址，海内罕有。

秦始皇滅六國，御海内，立郡縣，成定制。是地屬會稽郡，郡治爲吴縣，所轄大率吴越故地。東漢順帝永建四年（一二九），析浙江之北諸縣置吴郡，是爲吴越分治之始。會稽名仍其舊，郡治遷山陰。由隋至唐，會稽改稱越州，時有反復，至中唐後，「越州」遂爲定稱而至於宋。所轄時有增減，至五代後梁開平二年（九〇八），吴越析剡東十三鄉置新昌縣，自此，越州長期穩定轄領會稽、山陰、蕭山、諸暨、餘姚、上虞、嵊縣、新昌八邑。

建炎四年（一一三〇），宋高宗趙構駐蹕越州，取「紹奕世之宏庥，興百年之丕緒」之意，下詔從建炎五年正月改元紹興。紹興元年（一一三一）十月己丑升越州爲紹興府，斯地乃名紹興，沿用至今。

歷史的悠久，造就了紹興文化的發達。數千年來文化的發展、沉澱，又給紹興留下了燦爛的文化載體——鄉邦文獻。保存至今的紹興歷史文獻，有方志著作、家族史料、雜史輿圖、文人筆記、先賢文集、醫卜星相、碑刻墓誌、摩崖遺存、地名方言、檔案文書等不下三千種，可以説，凡有所録，應有盡有。這些文獻從不同角度記載了紹興的山川地理、風土人情、經濟發展、人物傳記、著述藝文等各個方面，成爲人們瞭解歷史、傳承文明、教育後人、建設社會的重要參考資料，其中許多著作不僅對紹興本地有重要價值，也是江浙文化乃至中華古代文化的重要組成部分。

紹興歷代文人對地方文獻的探尋、收集、整理、刊印等都非常重視，並作出過不朽的貢獻，陳橋驛先生就是代表性人物。正是在他的大力呼籲下，時任紹興縣政府主要領導作出了編纂出版《紹興叢書》的決策，爲今日《紹興大典》的編纂出版積累了經驗，奠定了基礎。

時至今日，爲貫徹落實習近平總書記系列重要講話精神，奮力打造新時代文化文明高地，重輝「文獻名邦」，中共紹興市委、市政府毅然作出編纂出版《紹興大典》的決策部署。延請全國著名學者樓宇烈、袁行霈、安平秋、葛劍雄、吴格、李岩、熊遠明、張志清諸先生參酌把關，與收藏紹興典籍最豐富的國家圖書館等各大圖書館以及專業古籍出版社中華書局展開深度合作，成立專門班子，精心規劃組織，扎實付諸實施。《紹興大典》是地方文獻的集大成之作，出版形式以紙質書籍爲主，同步開發建設數據庫。其基本内容，包括以下三方面：

一、《紹興大典》影印精裝本文獻大全。這方面内容囊括一九四九年前的紹興歷史文獻，收録的原則是「全而優」，也就是文獻求全收録；同一文獻比對版本優劣，收優斥劣。同時特别注重珍稀性、孤罕性、史料性。
《紹興大典》影印精裝本收録範圍：
時間範圍：起自先秦時期，迄至一九四九年九月三十日，部分文獻可酌情下延。
地域範圍：今紹興市所轄之區、縣（市），兼及歷史上紹興府所轄之蕭山、餘姚。
内容範圍：紹興人（本籍與寄籍紹興的人士、寄籍外地的紹籍人士）撰寫的著作，非紹興籍人士撰寫的與紹興相關的著作，歷史上紹興刻印的古籍珍本和紹興收藏的古籍珍本。
《紹興大典》影印精裝本編纂體例，以經、史、子、集、叢五部分類的方法，對收録範圍内的文獻，進行開放式收録，分類編輯，影印出版。五部之下，不分子目。
經部：主要收録經學（含小學）原創著作；經校勘校訂，校注校釋，疏、證、箋、解、章句等的經學名著；爲紹籍經學家所著經學著作而撰的著作，等等。
史部：主要收録紹興地方歷史書籍，重點是府縣志、家史、雜史等三個方面的歷史著作。
子部：主要收録專業類書，比如農學類、書畫類、醫卜星相類、儒釋道宗教類、陰陽五行類、傳奇類、小説類，等等。
集部：主要收録詩賦文詞曲總集、别集、專集，詩律詞譜，詩話詞話，南北曲韻，文論文評，等等。
叢部：主要收録不入以上四部的歷史文獻遺珍、歷史文物和歷史遺址圖録彙總、戲劇曲藝脚本、報章雜志、音像資料等。不收傳統叢部之文叢、彙編之類。
《紹興大典》影印精裝本在收録、整理、編纂出版上述文獻的基礎上，同時進行書目提要的撰寫，并細編索引，以起到提要鉤沉、方便實用的作用。

二、《紹興大典》點校研究及珍本彙編。主要是《紹興大典》影印精裝本的延伸項目，形成三個成果，即《紹興大典·要籍點校叢刊》《紹興大典·文獻研究叢書》《紹興大典·善本影真叢覽》三叢。選取影印出版文獻中的要籍，組織專家分專題開展點校等工作，排印出版《紹興大典·要籍點校叢刊》；及時向社會公布推出出版文獻書目，開展《紹興大典》收録文獻研究，分階段出版研究成果《紹興大典·文獻研究叢書》；選取品相完好、特色明顯、内容有益的優秀文獻，原版原樣綫裝影印出版《紹興大典·善本影真叢覽》。

三、《紹興大典》文獻數據庫。以《紹興大典》影印精裝本和《紹興大典·要籍點校叢刊》《紹興大典·文獻研究叢書》《紹興大典·善本影真叢覽》三叢爲基幹構建。同時收録大典編纂過程中所涉其他相關資料，未用之版本，書佚目存之書目等，動態推進。

《紹興大典》編纂完成後，應該是一部體系完善、分類合理、全優兼顧、提要鮮明、檢索方便的大型文獻集成，必將成爲地方文獻編纂的新範例，同時助力紹興打造完成「歷史文獻保護名邦」「地方文史研究重鎮」「區域文化轉化高地」三張文化金名片。

《紹興大典》在中共紹興市委、市政府領導下組成編纂工作指導委員會，組織實施并保障大典工程的順利推進，同時組成由紹興市爲主導、國家圖書館和中華書局爲主要骨幹力量、各地專家學者和圖書館人員爲輔助力量的編纂委員會，負責具體的編纂工作。

《紹興大典》編纂委員會

二〇二三年五月

史部編纂説明

紹興自古重視歷史記載，在現存數千種紹興歷史文獻中，史部著作占有極爲重要的位置。因其内容豐富、體裁多樣、官民兼撰的特點，成爲《紹興大典》五大部類之一，而别類專纂，彙簡成編。

按《紹興大典·編纂説明》規定：「以經、史、子、集、叢五部分類的方法，對收録範圍内的文獻，進行開放式收録，分類編輯，影印出版。五部之下，不分子目。」「史部：主要收録紹興地方歷史書籍，重點是府縣志、家史、雜史等三個方面的歷史著作。」

紹興素爲方志之鄉，纂修方志的歷史較爲悠久。據陳橋驛《紹興地方文獻考録》（浙江人民出版社，一九八三年版）統計，僅紹興地區方志類文獻就「多達一百四十餘種，目前尚存近一半」。在最近三十多年中，紹興又發現了不少歷史文獻，堪稱卷帙浩繁。

據《紹興大典》編纂委員會多方調查掌握的信息，府縣之中，既有最早的府志——南宋二志《（嘉泰）會稽志》和《（寶慶）會稽續志》，也有最早的縣志——宋嘉定《剡録》；既有耳熟能詳的《（萬曆）紹興府志》，也有海内孤本《（嘉靖）山陰縣志》；更有寥若晨星的《永樂大典》本《紹興府志》，等等。存世的紹興府縣志，明代纂修並存世的萬曆爲最多，清代纂修並存世的康熙爲最多。

家史資料是地方志的重要補充，紹興地區家史資料豐富，《紹興家譜總目提要》共收録紹興相關家譜資料三千六百七十九條，涉及一百七十七個姓氏。據二〇〇六年《紹興叢書》編委會對上海圖書館藏紹興文獻的調查，上海圖書館館藏的紹興家史譜牒資料有三百多種，據紹興圖書館最近提供的信息，其館藏譜牒資料有二百五十多種，一千三百七十八册。紹興人文薈萃，歷來重視繼承弘揚耕讀傳統，家族中尤以登科進仕者爲榮，每見累世科甲、甲第連雲之家族，如諸暨花亭五桂堂黄氏、山陰狀元坊張氏，等等。家族中每有中式，必進祠堂，祭祖宗，禮神祇，乃至重纂家乘。因此纂修家譜之風頗盛，聯宗聯譜，聲氣相通，呼應相求，以期相將相扶，百世其昌，因此留下了浩如煙海、簡册連編的家史譜牒資料。家史資料入典，將遵循「姓氏求全，譜目求全，譜牒求優」的原則遴選。

雜史部分是紹興歷史文獻中内容最豐富、形式最多樣、撰者最衆多、價值極珍貴的部分。記載的内容無比豐富，撰寫的體裁多種多樣，留存的形式面目各異。其中私修地方史著作，以東漢袁康、吴平所輯的《越絶書》及稍後趙曄的《吴越春秋》最具代表性，是紹興現存最早較爲系統完整的史著。

雜史部分的歷史文獻，有非官修的專業志、地方小志，如《三江所志》《倉帝廟志》《螭陽志》等；有以韻文形式撰寫的如《山居賦》《會稽三賦》等；有碑刻史料如《會稽刻石》《龍瑞宫刻石》等；有詩文游記如《沃洲雜詠》等；有珍貴的檔案史料如《明浙江紹興府諸暨縣魚鱗册》等；有名人日記如《祁忠敏公日記》《越縵堂日記》等；有綜合性的歷史著作如海内外孤本《越中雜識》等；也有鉤沉稽古的如《虞志稽遺》等。既有《救荒全書》《欽定浙江賦役全書》這樣專業的經濟史料，也有《越中八景圖》這樣的圖繪史料等。舉凡經濟、人物、教育、方言風物、名人日記等，應有盡有，不勝枚舉。尤以地理爲著，諸如山川風物、名勝古迹、水利關津、衛所武備、天文医卜等，莫不悉備。

這些歷史文獻，有的是官刻，有的是坊刻，有的是家刻。有特別珍貴的稿本、鈔本、寫本，也有珍稀孤罕首次面世的史料。由於《紹興大典》的編纂出版，這些文獻得以呈現在世人面前，俾世人充分深入地瞭解紹興豐富多彩的歷史文化。受編纂者學識見聞以及客觀條件之限制，難免有疏漏錯訛之處，祈望方家教正。

《紹興大典》編纂委員會

二〇二三年五月

紹興縣志採访稿

紹興縣修志採訪處輯録

民國間稿本

影印說明

《紹興縣志採訪稿》，不分卷，稿本，民國間紹興縣修志採訪處輯録，輯録稿紙半葉十一行，字數不等，版心有「紹興縣志採訪稿」或「紹興縣採訪稿」字樣。

民國六年（一九一七），在時任紹興縣縣長宋承家倡議支持下，紹興縣修志採訪處成立，徐維則任主任，王子餘充任協理。此採訪稿未署採訪者名籍，僅部分採訪紙背面左下有「徐維則自都門輯録」字樣，當爲徐維則等人輯録。徐維則（一八六六—一九二二），字仲咫，號以孫，紹興人，光緒十五年（一八八九）舉人。曾任紹興縣修志採訪處主任，後應蔡元培之邀往北京大學國史編纂處編纂國史。藏書頗豐，編著有《東西學書録》《小説書録》等。

《紹興縣志採訪稿》原書共二十五册，記事約至民國七年，第一册爲《道咸兵事》，第二册爲《義舉　驛站　廨署》，第三册爲《名宦》，第四册爲《儒林　文苑　孝友　義行　介節　隱逸》，第五册爲《循吏　武功　方技　仙釋　祠祀　寺觀　陵墓　學堂　地方自治》，第六、七册爲《風俗》，第八至十一册爲《列女》，第十二、十三册爲《田賦》，第十四册爲《金石拓本》，第十五至十八册爲《金石題識》，第十九至二十五册爲《書籍》。

此次影印，以國家圖書館藏本爲底本。底本部分頁面有殘損，因原書爲稿鈔本，無他本可補，故殘損缺字處一仍底本。另，此採訪稿多以條目形式輯録，多有無文空頁，爲保持原書輯録面貌，空白頁面不做人爲删裁。此次出版，據原書内容補充書眉，以方便讀者查閲。

道咸兵事

道光兵事目録

紹興縣志採訪稿

葛壯節家書題後

吳江柳樹芳（錄古樸君著養餘齋初二三集）

公名雲飛山陰武進士任定海總兵丁憂道光庚子軍興起用辛丑英人繳還定海以公復鎮八月戰死此書在定海與其妹壻朱世祿畧云英禍未發之前文武大吏漠不關心失事之後倉皇無措遷延日久羣議蠭起或圖便私或矜意氣既無切中窾要之論亦無公忠體國之心余受事後屢言犬羊之性非大加懲創無以善後將勦辦機宜條陳當事諸公咸以為難自後局勢屢變忽勦忽撫總無定見現雖收復而善後事更無把握余一人武人、仰荷 聖明起用惟不避艱危務盡我心而已

竹山門頭月光苦窮海精魂夜深語國之大事在旅師當時心肝奉吾主可憐恬嬉相媢嫉築室於道聚羣瞽舉棋不定勦忽撫陳十八策一莫取武人惟有勇可賈毀家助軍貸子母堅我戈船利我斧越八月來望舳艫白者了烏黑者奴鴟張蟻附爭睢盱茫茫天海一島孤戰六日夜援兵無臣力竭矣心不枯死人如蔴如葦蘆有墨其經厥狀殊平生言之今不渝曰惟見危捐以軀謂予不

信視此書以上見國朝詩鐸卷二十錢唐張應昌仲甫選輯徐棻

一　葛雲飛將軍妾

道光辛丑英師寇浙定海，山陰葛將軍雲飛率師拒之，力戰三晝夜，援軍不至，遂戰死於東嶽宫。將軍有妾，容止閑雅而富有胆略，聞將軍死耗，集他侍妾輩及殘卒數百人，乘夜入英壘奪將軍屍歸葬之。故里人以比明季之沈雲英。汪芙生孝廉為製葛將軍妾歌云：舟山潮與東溟接，戰血模糊留雉堞。廢壘猶傳諸葛營，行人尚說張巡妾。共道名姝越國生，苧羅村畔早知名。自從嫁得浮雲壻，到處相儌隨卻月營。清油幕底紅燈下，綫帶輕裘人雋雅。月明細柳喜論兵，日暖長楸看走馬。一朝開府海門東，歌舞聲傳畫角中。不聞孤軍懸渤海，但思長劍倚崆峒。新聲休唱丁都護，金盒牙旗多內助。虎帳方吹少女風，鯨波忽起蚩尤霧。一軍如雪陣雲高

紹興縣志采訪稿

獨鑿光門入怒濤誰使孝侯空按劍可憐先獮竟抽刀淒涼東嶽宮前路消息傳來淚如注三千鐵甲盡蒼黃十二金釵齊縞素縞旗素鉞雪紛紛報主從來豈顧勛已誓此身拚一死頓教作氣動三軍馬蹄踁盡胭脂血戰苦綠沉槍欲折歸元先軫面如生殺賊鹿娥心似鐵一從巾幗戰場行雌霓翻成貫日明不負將軍能報國居然女子也知兵歸來腸斷軍門柳犀鎧龍旗亦何有不作孤城李侃妻尚留遺恨韓家婦還鄉著取舊時裳粉黛弓刀盡可傷風雨曹娥江上住夜深還夢舊沙場挾將軍謚壯節妾亦山陰人惜其姓氏已不可考矣

以上見小横香閣主人所輯清朝野史大觀卷八

徐維則自都門輯錄

定海再陷

英吉利既定廣東之議餽夷銀蚨無所出使洋商伍怡和貸金足之夷人索廈門寧波上海益堅治粵者了粵事不暇卹他省秋八月英夷再至廈門陷之其赴浙酋曰郭僕僕義子曰陳祿浙人也深悉沿海地理導之深入方是時總兵葛公雲飛王公錫朋鄭公國鴻守定海而大師統重兵駐鎮海城夷攻定海之竹山門三鎮且戰且守飛書請兵大帥不應戒死守毋望援於是三鎮合兵四千當夷人二萬餘死傷既多繼以敗潰錫朋憤甚獨揮短刀陷陣所親卒及身自盪殺數十百人力竭被刺死國鴻別領一隊衝入夷兵中縱橫盪決當者披靡會夷兵大至圍之數重竟以中銃亡於陣而葛公雲飛死尤烈雲飛駐守南路土城手擬四千觔礮擊

夷復啐帥部卒持械步鬭夷酋安突得執大綠旗麾兵進公罵曰逆賊終污吾刃斬之刃折急拔所佩劍仰登竹門山賊飛刀劈公面去其右半血淋漓徑登賊骸進鬪忽有礮擊公洞胸如盎而沒安得突者被擒於浙軍夷人歸我定海請釋還國者也先是天雨浹旬公青布帕首麻袍著鉄齒鞾日拊循士卒濕潦中屢戰卻敵行營有藥桶二公密納火線其中而朱書封面曰餉銀賊至取之盡焚死義勇徐保者夜踰公尸走竹山門雨霽月微明見公半面立崖石下兩手握刀不釋左目猶睒睒如生欲負之行不能起跽而祝曰盍歸見太夫人乎遂乘夜浮舟內渡三鎮既坐兵少同日殉難夷人乘勝陷鎮海諸帥或移節他所獨欽使裕謙公投池泮死初廣東謠言公得虜必剝其皮公曰虜謂我不能爾耶遂擒兩

徐維則自都門輯錄

夷目剔其皮以啟夷人怨公次胥以十萬金購公命甚急千總馬瑞鵬泅水出公載以小舟送至省垣斂之方事之殷公林在浙奉命削職戍伊犁論者追咎公督兩粵繳煙激變故也而中諸君子有續鍰之請公致函婉謝怡然而行鉢池山農曰三鎮之殉行略謂請兵大帥不應而裕公幕客陳時謂海風大作文報斷絕所致傳聞異時辭然所繫於大帥者是非得失相遠矣

以上見小橫香閣主人所輯清朝野史大觀卷四

徐維則自都門輯錄

裕謙誤浙

敵入廈門不守而退即全隊駛赴浙江將寇定海守將總兵葛雲飛者久歷戎行夙稱健將初以增城列礮兩大策上書於裕謙不果行廈門之敗耗聞再上書言增礮備船事又不果行及英艦二十九艘抵東港浦清兵僅四千耳飛書至大營告急請速濟師裕謙諭之曰爾毋望救兵至矣但死守弗與戰可耳定海孤懸海中何險可守即以全省之兵力保護之尚不免有不測之禍裕謙此諭可謂奇絕矣定海失守鎮海甯波繼之葛雲飛戰死王錫朋鄭國鴻繼之三總兵同而知韋逢甲等又殉戰於乍浦乍浦之戰清兵發礮十不中一敵人僅以一艦迫碎礮臺蓋死礮攻活艦已犯兵家之忌況清兵臨敵怕死已甚安得不見敗於臨敵敢死之英

人然浙東之戰事方急而江蘇又爲敵兵侵略之所及

以上見小横香閣主人所輯清朝野史大觀卷四

徐維則自都門輯録

一　葛壯節緝海盜之神算

葛壯節公雲飛治浙江水師時捕盜最力以海為家某年歲除將士方休息公忽下令巡海揚帆掩旗鼓直擣某山圍其島盜方酣飲盡縛之以歸歲旦僚屬集公署歲賀聞入海捕盜皆大驚已而公至馬前繫大盜數十付有司詰問斬之而以所得財貨散士卒皆叩頭轅門歡聲雷動而去或請其故海鯧最細者出某山下近吾訪諸市而無之此其山必藪盜故漁舶不敢前異時捕之徒多苦我將士又散走難盡獲歲暮盜必聚窟中且料我必不出不設備故可掩而盡也聞者歎服又聞公恂恂如書生遇人斥長稱揚不輟而往往護罵其僚屬常曰號稱武官乃不能殺一賊國家設武官焉用此　以上見小橫香閣主人所輯清朝野史大觀卷七

徐維則自都門輯錄

、戰城南

戰城南，悲三鎮也。八月十三日，英夷攻定海，督兵血戰五晝夜，衆寡不敵。至十七日，同時陣亡。三鎮，壽春總兵王錫朋、處州總兵鄭國鴻、定海總兵葛雲飛也。

戰城南，復城北，心報國，手殺賊。賊兵蟻集我兵稀，飛函告捷請濟師。登高遠望見旗幟，讙呼謂是官軍至。豈知賊兵假我衣，卻從後路來圍合。是日風狂復雨急，火中格鬬雨中立。礮聲隆隆達鎮海，鎮海城中督師在。援兵不來來亦遲，悲哉武臣安可為。武臣不可為，君不見海天月黑魂來歸。武臣不可為而可為，君不見千秋俎豆昭忠祠。

以上見清長興朱紫貴《楓江草堂詩集》卷九

紹興縣志採訪稿

徐維則自都門輯錄

咄〻吟二十絕句

東南扼要兩分兵千里潛師夜所營果有岳侯神算在何難唾手
復三城

將軍因浙省兵弁自欽差裕謙死難後迭次潰逃不堪臨陣且其中多藏漢姦尤恐語言漏洩是時闈內防範極嚴密出入必交寸摟牌稟事不得直白必用小牙牌默書隨覽隨拭以防左右耳目蓋其初軍機固若是其慎也故特令前襄陽知府金石聲應州知州殷洪恩游擊劉天保等赴山東河南安徽各省召募鄉勇密令伏入寧鎮定三城而以陝甘川黔勁兵兼程進擊之此將軍之初策也繼因道路遼遠不能兼顧遂分派泗州知州張應雲駐曹娥江接應寧鎮二城事宜謂之南路海州知州王用賓駐乍浦接應定海一城宜謂之東路

以上見清吳郡貝青喬著咄〻吟卷一

紹興縣志採訪稿

徐維則自都門輯録

知他鼻祖在陰曹境主何堪此劫遭更有寫門殘阯在神靈豈獨怨紅毛

寧波城隍廟廊下塑黑白二無常狀極獰惡咦夷見而喜曰此我祖也何得屈居下位乃毀城隍神及鬼神判像而遷白無常於中座遷黑無常於旁座朝夕頂禮焉寫門山下土穀祠山陰會稽二縣常遣家丁於此辦差川兵夜過境欲索船夫及紙燭心紅適辦差者已入城川兵不能待怒毀神像及祠門而去土穀神他處皆稱城隍惟四明稱境主見錢大昕鄞縣志

以上見清吳縣貝青喬著咄咄吟卷一

紹興縣志採訪稿

徐維則自都門輯錄

初將軍定期除夕開兵特令張應雲爲前營總理并將各路兵勇分隊撥赴曹娥江令應雲若何暗伏若何明擊一一授以方略是時捷音之至若可計日而待也

以上見清吳縣貝青喬著咄咄吟卷一

紹興縣志採訪稿

徐維則自都門輯錄

刺史風流繡幄開，居然將將有奇才。莫嫌輕借留侯箸，請得專征節鉞來。

張應雲承將軍方略，駐札曹娥江，為前營總理，調遣各路兵勇分隊進勦，而各有帶兵官，班秩皆出應雲上，不聽指使，互相推諉。將軍怒，授應雲令箭一彴，於軍中曰：「如有不遵張某節制者，雖提鎮大員，立與嚴參。」由是各武弁勉强承命，而應雲之權益重矣。

以上見清吳縣貝青喬著《咄咄吟》卷四

紹興縣志採訪稿

徐維則自都門輯錄

果否鄉兵練滿營帳中書記最分明勞他寸厚軍家牒避却雷同
撰姓名
或獻策於張應雲曰此勇由他省咨來實額實餉無從影射不如兼募浙人為南勇可浮報一二預為他日報銷地應雲然之令紳士李維鏞林詰范上組彭瑜等領募造册呈報將軍共和九千餘人人數既多不及訓練并不及點驗及三月間將軍稔知其弊急飭應雲全數裁撤而所費帑銀核算已及十餘萬兩
以上見清吳縣貝青喬著咄々吟卷一

紹興縣志採訪稿

徐維則自都門輯錄

號令誰登上將壇運籌帷出錦心肝飽聞夜々錢清路蠟裹花箋

送一九

將軍札飭投效人員隨同張應雲辦事者共七十餘人應雲深恐軍機漏洩除同知舒恭受知縣葉堃一二親信之人密議外皆不得與聞而舒葉諸人又用寧波漕書陸心蘭等為心腹由是與將軍初議日漸相反而軍機亦盡洩矣時將軍駐札紹興應雲逐日所辦軍事夜必密函報聞應雲既為陸心蘭所紿密函中稟報之事半屬子虛而將軍據之以入奏凡伏入寧波者十七隊伏入鎮海者十一隊幾若收復二城易如反掌云聞兵時僕實在寧波駱駝橋後在將軍幕中見密函乃云僕與鎮海人色祖才同帶南勇五百人設伏招寶山搶奪礮臺是則僕亦

茫然矣

以上見清吳縣貝青喬著咄咄吟卷一

徐維則自都門輯錄

摸椿小隊不嫌孤認得金川黑幟無怪底軍聲霄一鬨孝廉船上

獻夷俘

張應雲令舉人沈國樑募兵二百人屯會稽皋埠以聽調時金川屯土司阿木穰帶兵甫至曹娥江命其下甲耳蚌等十人赴哨誤入皋埠國樑詫其衣服詭異言語侏離腰牌字迹又與夷字相類遂率鄉兵莽捕甲耳蚌四卡松阿耳金額三人傷重投白壜洋死餘七人縛獻張應雲營中屯兵聞其同伴之被創也合營鼓譟幾成奇變按察司蔣文慶多方曉諭對衆杖鄉兵三十人并下國樑於獄乃解後屯兵既撤國樑得其友高延祉何瑞圖二舉人營救出獄餘家亦無罪椿摸者屯兵分隊赴邏之名

以上見清吳縣貝青喬著咄咄吟卷一

紹興縣志採訪稿

徐維則自都門輯錄

部伍新成得所交免教驅儈日譊々營門小肆懸高榜義取義經第一文

曹娥江雖屬孔道而居民數百家從無大市集自各路兵勇札營後日用所需數倍其價市儈居奇又必欲以錢交易兵勇持銀入市被欺尤甚將軍聞之特飭支應局開設隨營錢店四標以元勝亨勝利勝貞勝諸名兵勇領餉銀先以店中易錢始入市市物云四店皆在籍布政鄭祖琛管理後在曹娥江當兵敗之後為從夫搶散

以上見清吳縣貝青喬著咄々吟卷上

紹興縣志採訪稿

徐維則自都門輯錄

曹娥廟裏夜傳呼牛飲淋漓犒百觚祭罷蚤弧天似墨一齊拳甲渡梁湖

將軍謂張應雲設伏周密乃自紹興移營東關正月二十四日在曹娥廟祭旗發兵凡攻寧波西門（即望京門）者三隊金川土副將阿木穰帥屯兵四百人為頭敵游擊梁有才守備王國英等帥四川提標五百人為前鋒策應提督段永福帥貴川提標八百人為總翼長攻南門（即長春門）者三隊游擊黄泰守備魏啟明等帥甘肅提標五百人為頭敵總兵李廷揚帥江西水師六百人為前鋒策應提督余步雲帥湖北提撫標八百人為總翼長攻鎮海城者三隊游擊劉天保等帥河南鄉勇五百人為頭敵參將凌長星帥陝西提標五百人為前鋒策應副將朱貴帥固原提

標五百人為翼長攻掊寶山威遠城者二隊金川瓦寺土守備哈克里帥屯兵三百人為頭敵都司聶廷楷帥山東河南北勇六百人為前鋒策應寗鎮二城之間瀕江有村曰梅墟參將李倖舉都司謝天貴帥山東北勇七百人屯其地以截哄夷中路張應雲等帥四川督標兵及山東北勇一千二百人屯駱駝橋為後應文參贊帥總兵恒裕副將德亮帶陝甘兵二千人屯長谿嶺為總應將軍自帥提督陳階平總兵尤渤等帶四川河南兵二千人屯東關天花寺

以上見清吳縣貝青喬著咄咄吟卷四

徐維則自都門輯錄

大家飛步陟崔嵬後隊無須鼓亂催滑〻春泥三百里連邨午市喚難開

自曹娥江至寧鎮二城或由餘姚沿江走丈亭西壩或由慈谿走長谿嶺東田湖或由龍頭場走雁門嶺蟹浦約二三百里雖山路崎嶇然邨井繁富可市食物故進兵時祇發餉銀不發糧米詎意鄉民聞官兵過境遷避一空我兵絕糧屢欲潰散各武弁飛飭曹娥江支應局急送糧米接濟而支應局各員憚於前進轉運濡滯我兵遂飢憊不堪矣

以上見清吳縣貝青喬著咄〻吟卷一

徐維則自都門輯錄

幾隊肥男幾瘦男前邪後許走趯趯況堪硬雨傾盆急絮厚濃雲潑遠嵐

梁湖以東惟木拖船八官船滷船可通往來而船小如葉不能重載餘姚知縣林朝聘慈谿知縣王武曾等特雇二百餘船以應用然猶不敷文武各員乘坐故凡軍裝器械皆藉役夫搬運而所雇役夫二千四百人半係乞丐體羸力弱日行三四十里適遇宿凍初解加以連日淫雨道路泥濘中途已逃亡過半矣

以上見清吳縣貝青喬著咄咄吟卷四一

徐維則自都門輯錄

天花古剎悵重經殿角淒清響梵鈴昨夜軍容猶在目風鐙吹落萬春星

天花寺在曹娥江畔將軍駐兵其地待以張應雲捷音之至而應雲所最倚重者甯波漕書陸心蘭等謂其能向通漢姦為內應一俟外兵四集即將夷酋郭士立等擒獻軍門及大兵既發心蘭自賊中先期奔至報稱師期已洩夷酋警備嚴密不能縛致云云軍中得此信將士已羣議蠭起矣既聞前營失利人心益搖隨員阿彥達等遂有退兵之議時方有鑒於前此進兵之幹特雇役夫四千餘人以備用而授効知府金石聲彈壓過嚴役夫鬨散聲徹將軍左右阿彥達謂軍心已亂請於將軍曰武官不宜言走吾輩文官即退逃豈為懦怯耶舉人臧紆青獨曰

為今之計宜進不宜退一退則衆心瓦解矣若云新挫之後不利速戰則上虞一縣僻在山谷進屯其地亦可徐圖再舉阿彥達等不以為然譁爭至更餘不決將軍以好言相解謂姑俟明日再議夜半文參贊自長谿嶺帥衆退回聲言夷兵猛烈不走且踵至將軍信之下令軍中宵濟而退天明紓靖將入帳再議而軍士已無一留者遂大忿喚小艇歸紹興僑寓民家不復入戎幕初將軍麾下直言之士推首紓青將軍亦頗敬信之故文武各員尚多顧忌及其既離左右遂各便其私圖而軍事益不可問矣

以上見靖吳縣貝青喬著咄咄吟卷四

徐維則自都門輯錄

浙水東西各自流中丞抵死畫鴻溝越山詛呪吳山禱隅一之江兩樣愁

巡撫劉韻珂鎮守杭城極得民心嘗托病合城紳士設醮吳山代爲祈壽而錢塘江以東不問也將軍自天花寺退回欲帶兵渡江韻珂恐兵勇騷擾閭閻堅執不可遂留大兵紹興而以輕騎入杭城紹興士民聞之譁曰我等獨非公百姓耶爰有劉中丞城守營城中頌公々蓋尊城外哭聲公不聞之謡

以上見靖吳縣貝青喬著咄々吟卷一

徐維則自都門輯錄

野祭荒荒萬幕霜，登壇老衲梵聲長。三更演罷瑜伽法，斗大青燐走國殤。

朱貴父子屍歸紹興，其部下殘卒醵錢斂以棺木，舁迎大善寺僧明性等九人追薦其靈。各營聞之，互相仿效，遂於演武場結壇大作佛事，晝誦經，夜放燄口，或祭其主將，或祭其火伴，招魂之聲與梵唄聲相閒也。凡十日乃罷。

以上見清吳縣貝青喬著咄咄吟卷一

紹興縣志採訪稿

徐維則自都門輯錄

縛賊聲名滿廣陵少林遺派有師承臨風流盡雙眸血可比勝心一點鐙

楊泳揚州名捕也拳勇得少林真訣年已七十猶能敵數十健夫初舉人臧紆青耳聞其名薦諸將軍募為北勇總頭目泳又携其高手弟子數十人來寧波之戰陣亡過半泳哭之哀雙目盡腫又北勇魏允升王大疤疸等以頭目來長生剋扣口糧悍不帥教長生乃借他故屬隊長棍責之允升等益憤夜殺長生於演武場剖其腹實以稻草而焚之天明紹興知府定保聞之立特緝捕而升允已逸祇獲為從數人

以上見清吳縣貝青喬著咄咄吟卷上

徐維則自都門輯錄

飛盡蟲沙劫後灰，均奢橋畔重徘徊。蟏蛸網徧黄金尺，小肆無人問卜來。

張永茂，鄞縣人，嘗賣卜縣治側均奢橋畔。㕭夷陷城，永茂遁歸內地，投效將軍麾下。將軍派同會稽副貢孫釗隨張應雲辦事。永茂頗思立功，聞應雲有潛伏鄉勇之謀，乃遂鋭身自任，謂或衆或寡，皆能從六門設計導入城中寺院，尤少小熟遊地，亦能密為安插。應雲乃撥勇百人，合與孫釗同往，相機行事。初釗以永茂出身微賤，頗輕之，至是恥與共事，乃紿之入城，而自帶北勇避至東田湖。永茂既覓釗不得，坐待數日，而大兵敗績矣。奔回慈谿，哭訴於應雲，應雲慰解之。永茂憤曰：孫某誤我，我必與質於將軍前。乃買舟至天花寺，而將軍已退回杭州矣。初永茂

紹興縣志採訪稿

在危城中數日已飢憊不堪及是囊空糧絶舟子索錢無以應遂至鬭毆拳甫下而氣已絶蓋年垂七十矣明永樂時鄞人胡宏善卜發無不中嘗著筮書名黃金尺見兩浙名賢録

以上見清吳縣貝青喬著咄々吟卷二

徐維則自都門輯録

漢相街亭振旅還貶來三等今如山而今別有行軍法問罪聾丞醉尉閒

將軍自東關退回查取各員罪狀人々歸咎張應雲謂其寧鎮二城並未設伏鄉而妄報布置周密且所辦火攻船貽誤尤多咸請將軍奏斬之而將軍與應雲有師生之誼意不能無袒護員外阿彥達為將軍幕中最用事之人適受應雲賄代為排解阿張二人皆行八時稱二八佳人以比古之二五耦將軍遂祇以火攻船貽誤入奏請將張應雲舒恭受李維鏞王希璧四人帶罪立功并著罰賠火攻船料他日不準報銷云々王希璧山陰縣典史也初以管帶鄉勇曾向糧臺支銀一萬五千兩阿彥達怒其不以賄至故叙摺時列其名於四人之內實則並未承辦火攻船也摺既發希

壁聞之大憤譁爭於將軍前將軍心知其誤而又不能委咎阿彥達遂曲意調停之賞希壁藍領(翎)一枝以平其氣後軍務既竣希壁所帶藍翎因未經入奏旋亦拔去

以上見清吳縣貝青喬著咄咄吟卷四

徐維則自都門輯錄

陡見昆陽屋瓦飛耳煙鼻火出重圍翻身投入清涼國一點冰心透鐵衣

山陰城隍廟借設火藥局六月十四日黄昏猝焉火發燄互霄漢臺榭飛去半角四川鄉勇何得勝等七人適在廟被轟頭額焦爛出投府山河衣燄既滅命亦隨斃先是三月間上海火藥局失火四月間杭州火藥局失火皆燬屋傷人而上海被禍尤烈蓋管理火藥之員適延客高會妓樂滿堂霹靂一聲蕩成灰燼三次凡轟去火藥四萬觔事後細究失火之故均莫知其所自也或曰火藥積多每有内鑠之患或曰漢奸潛下火種

以上見清吳縣貝青喬著咄々吟卷四二

紹興縣志採訪稿

徐維則自都門輯錄

肥將瘦犢列成行迎刃爭看不損芒一笑屠門休大嚼須防春瘟毒生瘡

兵勇久駐紹興文參贊嘉其安静特令支應局購牛羊犒之支應局轉飭屠户宰割凡一牛犒四十人計殺牛以百數初進兵時有獻策者曰夷人向在廣東最懼瘟毒今以中國種瘟之法暗飼牛羊俟其來索時饋之旬日間必病倒然後以兵擊之可聚而殲也將軍恥於餽遺未用其策

以上見清吴縣貝青喬著咄咄吟卷二

徐維則自都門輯錄

春風滿座醉嘈々，一擲何妨百萬豪。恰喜羽書中夜靜，蠟鐙酣賭好分曹。

初文參贊之駐劄紹興也，坐擁重兵，謂為牽制鎮海暎夷及江寧和議既起，機密之事將軍猶不得與聞，參贊益無由知矣。乃日與王事、何紹瑾中書、姚近韓舉人、高延祀、何瑞圖等為牌九之戲。牌九者，以二牙牌相角，九點為勝，十點為負，有天剛、地剛、報子、別十等名目，浙人故善此技也。何與姚等本皆參贊門下士，師生閒脫略禮數，恒酣賭至半夜云。

以上見清吳縣貝青喬著咄々吟卷二

徐維則自都門輯錄

裕靖節公殉難

道光年間靖節公(裕謙)由知府推薦封圻英銳任事亦頗講求吏治自禁鴉片烟之事起英吉利陷定海踞之於是林文忠公以兩廣總督被劾落職而大學士文勤公(琦善)往代其任琦相力主和議許以香港劃界英人以易定海是時裕公已署兩江總督每論時務慷慨激發堅持清議疏糾琦相之咎而推服林公甚至廟謨亦已中變褫琦相職逮下刑部獄命將分道出師絡繹赴浙粵諸省而裕公以欽差大臣馳抵鎮海視師提督余步雲為之副當是時英人因與議和已讓定海而盡調兵船南駛朝廷遣總兵葛壯節公(雲飛)王剛節公(錫朋)鄭忠節公(國鴻)率師駐守裕公所攜制兵四千皆由各省分調畸零湊集號令不齊且承平日久未經訓

練實不耐戰余步雲尤恇怯巧猾善結奥援屢冒軍功加太子少保營外掘濠如淺溝一孺子能踰之遠近皆知其不足恃也裕公駐鎮海城內步雲駐招寶山一日裕公望見招寶山上有白旗頗心疑之乃勸步雲以竭誠報國且與之盟步雲僞稱足疾勉强蒞盟有一英人名磈哩以舢板船擱淺爲浙民所擒送至大營裕公命生剝其皮並抽其筋以爲馬韁呼號三日而後死其聲慘厲異常英人聞之怒曰中國自命爲守禮義之國而酷虐不仁如此乎會廣東亦旋和旋戰久無成議英遂馳兵船復攻定海陷之三總兵同日戰死英兵進攻鎮海用舢板船蟻附登岸而余步雲守招寶山之師先潰諸營繼之裕公自投泮池水淺不能死一武弁負之以逃僅得小舟僅與幕友陳若木吴如渤二人退至甯波甯波

徐維則自都門輯錄

吏民皆已倉皇驚擾莫之省者裕公自登舟即吞金墜臥不語陳矣二幕友亦惟恐裕公之急切不能遽死次日黎明舟過慈谿縣城幕友往艙中撫之已冰皆喜曰公覺矣遂往告縣令殯殮之余步雲始奏稱退守甯波而英人陷甯波步雲奏稱退守上虞且言裕謙大營先潰以致各營相繼奔逃後奏言裕謙率其幕友家丁舟過慈谿不知所往於是宣宗皇帝諭旨歎恨用人之難謂柔懦無能者既僨事而剛果有為者復鮮效也陳若木者以字行宜興人習刑名痛裕公之為步雲所賣也乃代裕公夫人草之訴冤之辭遣裕公之為步雲所賣也舊僕赴部察院呈遞而步雲始奉旨逮問然步雲供辭狡展又素通聲氣朝貴多隱為之地者獄久不定將待以不死矣刑部尚書李莊肅公（振祜）堅執不允加以刑訊

步雲畏李公之威一一吐實不敢復有所隱諱既上得旨步雲由正法而裕公亦獲優卹建祠予謚飾終之典隆焉若木由是名聞江南凡兩江總督到任必卑辭厚幣敦請入幕為上賓者數十年

以上見小槎香閣主人所輯清朝野史大觀卷七

徐維則自都門輯錄

、裕靖節爲余步雲所陷

裕靖節公之殉節中外亦多異論按公之死提督余步雲實陷之而公則從容就義者也方道光辛丑七月廈門失守公得報集兵鎮海率文武僚屬刑牲釃酒誓於衆曰逆虜悖天寒盟得亂於廣閩不爲備僅茲痛毒今乃揚颿起椗捲衆北趨鎮軍葛鎮軍王鎮軍鄭先帥偏師急趨定海幕府總統大兵相機援應且虜數和以要我今日之事有死靡他幕府四世上公勳烈不昧沫受命專討義在必克文武將佐敢有異心受夷一紙書去鎮海一步者明正典刑幽遺神殛音詞懷慨聞者震奮及三鎮畢命定海告陷公知不濟歎曰昔先義烈公以乾隆二十一年八月死於難今道光二十一年八月謙在此命也夫謂其客曰明日將戰今先有言凡軍

中諭旨奏疏及他文簿置行館中又曰余無子可以德峻承祧又曰吾所草諸疏藏之家祠朝廷有所推問以此進將戰又曰公等去城西數里外觀我破賊急草露布不者與家人會於餘姚勿顧我我死提督必以我說於夷夷雖得鎮海不能有也朝廷復命大將斷曹娥江而西東南尚可爲勉之公浩氣忠肝成算夙定若此豈猶夫智勇數極一死塞責者比哉而其特余步雲守招寶早快快懷二心方事亟公與約分險駐軍步雲忽稱疾二十六日公登城督戰親援枹鼓戰方交而步雲單騎上城有所謁公不答旋去復來曰我死固當如百口何且步雲有息女今日嫁何如哉公曰兒女情固不免然忠義事大步雲既歸招寶山撤標兵即潰公遂不能支矣投身頖池詒顛喉轉以死步雲雖終伏國法而荒裔鬼膽從此益輕中國黄犬東門朝衣西市豈足蔽辜以上見小横香閣主人所輯清朝野史大觀卷七

徐維則自都門輯錄

愛國叢談

葛將軍　　劍秋

雅片之戰英人犯定海我兵禦之事敗三總兵皆歿於陣三總兵者王剛節錫朋葛壯節雲飛鄭忠節國鴻是也死事最烈者獨推葛壯節公字雨田淅之山陰人以武進士官守備五擢而至定海鎮總兵尋丁父憂歸公在籍時目睹外患日迫嘗上書大府言廣東禁鴉片方急恐波及淅洋宜先事定謀及英兵據定海大吏服公先見馳書要公詣鎮海計防禦公適躬耕隴上得書白母母樹其背曰行矣勉力殺敵毋以我爲念公泣拜而去時道光二十年七月也公至鎮海請盡出勁兵扼金雞招寶兩山間集定海潰兵大閱海上會英兵官安突得被執敵大驚擾公請即出兵復定海

當事不能從明年公與王剛節鄭忠節偕往鎮定海定海三面踞山臨海無屏蔽公議城其三面列巨砲塞竹山門深港使不得通舟楫增築南路土城與五奎山諸島相犄角當事又以費鉅不允行七月英人陷廈門公聞之立牒大府以土城守兵單薄曉峰背負海有間道宜增砲及以營船備水戰皆不省八月敵果犯定海先是守兵皆駐城中唯公自駐土城及是乃由王公出守曉峰鄭公守竹山門敵船二十九艘衆至二萬餘我兵合三鎮僅四千不待交綏而知其不敵矣公於是飛書大府請濟師勿許戒死守毋望援會天雨浹旬泥濘不可着足公青布帕首麻袍著鐵齒靴日偕士卒往來霪潦中慷慨誓師屢戰屢却敵相持凡數日天忽大霧對面不相見敵全隊逼土城公砲沈其舟敵分道攻曉峰竹山

曉峰無礮敵衆奪間道下攻破竹山门王公鄭公皆戰死進薄土城公手掇四千斤大礮迴轟之敵殊死進公率步卒二百餘人持刀械步鬭敵兵官安突得時安已由巡撫釋於田船執大綠旗麾兵進公駡曰孺子終污吾刃斬之刃折復拔所佩刃二衝入敵中至竹山门方仰登敵刃劈公面去其半血淋漓徑登敵駭迸間忽有礮背擊公洞胸穴如盌遂力戰而歿方敵之逼土城也公行營有藥桶二遂窰納火線其中而朱書其上曰軍餉城陷敵入公營爭取之藥發焚斃數百人義勇徐保覔跡公尸走竹山门雨霽月明見公半面宛然植立崖石下兩手握刃不釋左一目猶睒睒如生欲負之行不能起拜而祝曰盍歸見太夫人乎乃起一說公戰歿後遺骸爲敵所得有侍妾某氏亦山陰人容止閑雅而富有膽

略聞耗大慟遂率殘卒數百乘亘突入英壘奪公遺骸還歸葬之當時汪芙生孝廉曾製哀葛將軍妾七古一首以咏其事詩云舟山潮與東溟接戰血糢糊留雉堞廢壘猶傳諸葛營行人尚說將軍妾共道名姝越國生苧蘿村裏早知名自從嫁得浮雲壻到處相隨鄧月營清油幕底紅燈下緩帶輕裘人儁雅月明細柳看談兵日暖長楸看走馬一朝開府海门東歌舞聲傳畫角中不向孤軍懸渤海但思長劍倚崆峒新聲休唱丁都護金盒牙旗多内助虎帳方吹少女風鯨波忽起蚩尤霧一軍如雪陣雲高獨艦虎门入怒濤誰使孝侯空拔劍可憐光弼竟抽刀淒涼東嶽宫前路公戰死於東嶽宫前消息傳來淚如注三千鐵甲盡蒼黃十二金釵齊縞素綃旗素鉞雪紛紛報主從來豈顧身已誓此身拚一死頓教

作氣動三軍馬蹄溼盡胭脂血戰苦綠沈鎗欲折歸元先軫面如生賊娥心如鐵一從巾幗戰場行雌霓翻成貫日明不負將軍能國居然女子也知兵歸來腸斷軍門柳犀鎧龍旗亦何有不作孤

李侃妻尚留遺恨韓家婦還鄉著取嫁時裳粉黛弓刀盡可傷風雨曹娥江上住居深還夢舊沙場

劍秋按鴉片之役殉國者尚有陳忠愍公化成顧以知之者多不再述方今外患之急十倍於道光時代而曠觀當世所謂擁高才建大纛者安得復有葛壯節陳忠愍其人乎吾見其深居簡出日日防炸彈手鎗而已悲夫見申報舊歷乙卯二月初一日

紹興縣志採訪稿

咸豐兵事目録

書諸暨色生

浙軍收復紹興府城

陸小雅公傳

打先鋒

小百姓

姊妹館

考秀才

舊貨街

色邨戰

魯叔容虎口日記序

虎口日記

杭紹之陷賊

雪門詩草

謝敬傳附汪鈺

謝敬字仲懿，餘姚人。捐職員外郎，單輿傾資募勇，以黃帛裹首，號常勝軍。咸豐十年，調守紹興府城，嘗破錫錢匪黨於航上塢。十一年，賊陷蕭山，敬請以所部迎擊於錢清，主者弗許，賊遂長驅入。明年春，李鴻章巡撫江蘇，軍至上海，今安徽學政朱蘭薦其才，乃檄令會佛蘭西兵倍道前進，為賊所淹，單騎渡水，陷陣亡。隨敬先後死事者，邑諸生呂受豫、李芾春及進士陳景祺。景祺字星橋，主講其鄉經正書院，賊至不屈，剖腹而死。敬財雄一鄉，能毀家創義，卒死於忠。同治四年，朱蘭疏請加卹，詔從之。

汪鈺字文虎，江蘇宜興人，流寓浙江。謝敬之團練也，以鈺充常勝軍前營哨官。保外委。鈺隨軍剿賊，戰比有功。同治元年八月，賊陷

慈谿㨾餘姚鈺率士卒拖廊下要隘禦賊賊馬隊衝其後衆潰鈺

陣亡

見浙江忠義録卷六

夏雨釀寒，蕭齋無俚，買舟歷杜浦，至儞心寺，往還游眺，竟日方歸，述往感今，漫成二十四律。　失名

青山獨往傲時流，身在飄然不繫舟。登歷偶勞偏若逸，雨風當夏預支秋。鴻嗸毗廃翹新政，龍戰山川感昔游。百里固陵誰作障，陸沈徒切杞人憂。

百端交集對茫茫，襍感如雲語慷慨。亂世功名歸氣數，閒流經濟寓文章。力能復怨猶韜劍，才不匡時且舉觴。差幸劫餘身健在，縷尋往事話滄桑。

山頹地縮百妖興，雨血斑斕駭咎徵。古殿殷雷神隊首，秋坟泣月鬼椎膺。竹花艷發蠡城曉，星角分張婺野澄。天誡昭回人變劇，預占坤六致堅冰。

勾餘蠻觸肇紛爭、有兔爰〻好美兵、鍛獄臺司修宿怨、叙勞豎子得虛名、横戈南鎮騰軍火、繫棹西陵咽使笙、百日建牙未使節、匆〻一薦竟何成

青門衣繡啟行臺、獻媚貲郎手版來、諭蜀一篇誇父老、薦衡幾輩擅英才、箏琶宵競芳樽倒、粉黛春嬌別館開、計賄酧庸旌賞濫、忍將名器萎蒿萊

瑣〻姻私具幕僚、老饕歡飫儼狐驕、征商深媿錐刀競、履畝虛矜糗糒饒、暮夜金錢歌諂柳、高秋風雨聽彈蕉、傾危搆釁嗟堂雀、徼服蛟門趁逝潮

揮麾烏衣拜命新、募羶駔敢遠偏親、蟲沙列隊張虛籍、槐柳交枝蔽要津、為寇繕兵儲異日、疑官作諜始何人、蓬萊閣圯牙軍盡、終

古龍岡草不春。

霜簡交馳勢望齊。鴻溝欲劃浙東西。匪莪未輟喧歌吹。聞葉方酣駭鼓鼙。一表棄城何艸艸。全家漂海尚栖栖。玉門萬里嚴裝日。愁聽春山杜宇啼。

豈謂物貢競爭先。記取孫恩覆越年。陶令辭官猶獻策。何郎臨命尚遺牋。白眉懽掃留賓榻。青犢喧登荐女筵。哀籲卓僮丐援。繫傷心欲碎孝廉船。

義民千百溯樵風。犄角安城士氣雄。草野竟能持大節。衣冠尚欲效孤忠。龕江流恨濤頭白。樞里飛灰燼骨紅。獨有李常蘊奇略。刻山他日奏膚功。

東安咸望赫春霆。蚍豕酣屠草樹腥。民使衛兵天亦憤。仙仍遘刼

術何靈、師期腕晚慾三月、神語荒唐勅六丁、慟絕版曹家百口冤、燐長照亂青山、

曾梯微秩躐崇堦、豸繡威聲振海涯、苛稅津梁豐官槖、妙遴花鳥爲春懷、攀鱗漫詡同寅協、反手能將異己排、水火釀成寒齒禍、勾東終見霧雲霾、

僞寄東瀛嘆遯荒、偶招逋盜駕餘艎、連翩克邑人如霓、汗漫行師羊統狼、幸有西鄰偕戰伐、倏聞南渡太倉黃、姚江波竭虞山黷、慚對遺黎泣路旁、

閭道官軍指越城、未離逭盜復憂兵、社翁醉縱跳梁鼠、海伯雄驅吸浪鯨、宛轉蛾眉春棹急、飛揚蚨血夜燈明、大星倉猝營前隕、嬴得流亡野哭聲、

果腹黃花夜啟行、群號賢尹丐餘生、孤軍力遏將逋寇、片語能收
欲散兵、蹕屬風霆皋步戰、森嚴刁斗陡門營、第功應數書生最、露
布猶傳勁義名、
蓬萊餘孽煽江濱、黃絹詞邊蟻封新、刻曲一軍曾導賊、稽陽萬室
又成塵、教猱使攫由鄉衮、翼虎能飛白巾紳、十口逋誅纔獸散、慧
華授館又何人、
歸然飛翼靖干戈、井里紛屯曳落河、收復雉陽勞葉護、翦除金統
倚沙陀、塵封闤闠金繒盡、血漬郊原縞素多、被髮伊誰傷祭野、先
幾但有泪滂沱、
千家瓦礫鎮蕭條、雁戶人來啟麗譙、泪黛行觴香吏醉、繡幢捧劍
客兵驕、糢糊殘血農輸穀、淒咽笳聲寇溯潮、籌海尚疎奸諜夥、夏

紹興縣志采訪稿

危私議付漁樵

甘棠茇舍慶如歸兵氣縱橫吏不威蒞治人嗟羊九牧思家客嘆

雉[illegible]旅飛參軍慙賦娵隅躍司訓懽餐苜蓿肥思作壘俘慕循宰萬

名錦繖耀朝暉

兕胄重迎慈惠師短狐華面效驅馳愛民真有如傷意馭吏曾無

竟法時一旅防江身屢殆八旬攝縣政何私長官貧瘠僮奴飽褒

議平分勤去思

城郭依然丁鶴歸優游郡邸慕指脂韋偶緣恩怨淆新癉儘許私親

窃福威月魄夜滋飛域蜮出露華秋隕嘒蟬稀江隄蟻潰其魚亟誰

貢芻言窒禍機

偏僚乞庇媢朁裾雞鶩鳧爭館穀餘縱掠托言收白骨茹臟預計

贖丹書。春林悵惘尋巢燕。海國飛騰漏網魚。最苦甕城謀未遂。悻然徐稱又回車

世事紛遷歲月磨。曠觀有悟意云何。升沈幾輩冰山漁〔渙〕。勳業崇朝電火過。弊俗驚心三古遠。故交僂指九原多。劉郎欲踐歸田約。早脫朝衫謝斧柯。

半畝窮居日掩關。積年孤憤鬢毛斑。傭奴逋值供炊惰。稚子號飢勸讀慳。與古為徒慙老學。愛身有待慨時艱。吮毫欲著辛壬錄。直筆無勞太史刪。

萬承恩傳

萬承恩字小亭錢塘諸生少有志節鋭意爲學讀有用書能文章工書居恒沈默不妄交游敢與尤巖咸豐十一年賊再陷杭州承恩犯兵火負母間關至紹興包村義兵起鄰人響應嵊人亦以朝雲者亦糾壯士乘間擊賊爲包村犄角時時與包立身合勢力戰朝雲求智計士承恩從焉慷慨數進破賊策不盡用然欲藉義衆力殲賊故在朝雲軍中久立身朝雲皆敬禮之同治二年七月包村破立身死朝雲之衆潰承恩遇賊陣亡

見浙江忠義録續編

朱久香之行誼

久香先生精於文其行誼尤爲醇篤與倭文端相國仁同年平時以道義相切磋造次必軌於正咸豐庚辛閒賊陷浙江先生矢志討賊忠憤所激言發涕垂人或迂其行事妄加謗哂先生不顧也余與先生素昧平生於上海旅次一見即傾襟以待逢人說項不去口謬許余爲知兵李爵相欲委余浦東軍事先生貽書爭之謂余必須赴浙以顧桑梓爵相乃令偕史士良觀察到甯波寍波苦餉絀先生即在上海爲籌餉事每數日必致余一書論軍務機宜料敵出奇動中肯要余即以書呈觀察閱之戰勝攻取多用其策會被召用乃去然紹興之復終屬先生籌餉籌兵之力也泗門謝員外敬集黃頭義勇擊賊先生資以餉又恐敬恃勇不戒令高足

弟子呂五峯茂才受豫參其事軍畫心擘畫著戰功會賊大至敵仍以輕敵敗没受豫亦抗節死其宗人國恩接統其軍卒底於績先生以二人死事狀疏聞於朝得專祠祀焉嗚呼若先生者文章經濟道學三者兼而有之矣

以上見小横香閣主人所輯清朝野史大觀卷七

徐維則自都門輯錄

山陰燼餘生蔡光襄楫刊東安義軍畧紀啟

伏以標八举於驃騎，銘功應録；尤功表三志於元齡，修史兼資野史。忍使丹書鋟券淹没不彰，莫求石室金縢闡揚奚待。雪恥表會稽之邑，勲名先筆於書誌；過封綿上之田，姓名終輝於冊。欲采花以釀蜜，润色龍文；思集腋以成裘，昌明駿烈。憶自浙中之初被難也，晋人不出，鄭力先疲，收桑榆而失東隅，陋翅垂於馮異（鲍軍至玉山即回皖水以破殘安慶，易完善杭州）；割蜀都而營隴右，置度外於公孫（城圍二月之久，閩督援師不至）。向大事於賈平章，厥惟鬥蟀（饒軍门挟妓博戲，不理軍務）；揆兵机於顔招討，何事驅羊（初水師貴馥園統領，余与王梧生輩盡心調度，故肅清。同富進鱉金蘭大有赵色，嗣餘林方伯總统，舊章盡改，故賊得度溜江灘，由臨浦以臨越）。營八風而壁壘皆空，控萬里而長城已壞。開關延敵，失机之將師先遯；棄甲曳兵，撓敗之師徒陡走。於是鱷鱗腥激蠆尾毒敷符堅以百萬衆下淮徐投鞭而渡隗囂以十六州扞閔隴丸泥可封方矜帷幄謀深遑計蕭墻禍伏柖力士以述異雄誇東海之雷擁美人而宴歡豪賞蔡州之雪（是歲雪盈數尺）呼吸而風雲作氣指揮而草木成形陡看掠燕銖来豈曾相識一任名花落去無可柰何即有為国捐軀見危授命李博士辞未赴辟飲鴆毒以何傷顏魯公義不辱名攖逆鱗而奚恨將軍頭可斷遑憐撫劍而椎心侠烈志難償空假斬衣而濺血悚勝項梁之敗有誰扶義而西平林新市之兵是孰合謀而倡我義軍統領色君立身有功深鍊石術妙剖環梹浩刦於紅羊淡氛祲於赤犬四单多智原許襲神可為師（世人不知稱為色仙）鄭畋有膽洵堪傳儒宜稱師[帥]（執事皆係儒士）控金焦而破虜蘄王之鼓親援濟江漢而誓師祖逖之鞭先著斯時也角

逐而鹿皆走險蹂躪而鴻盡哀嗷赤眉已破長安藩籬自固彩面新巢葱嶺課税横征賊來包村責貢嘯聚則氣撼斗牛形色則人羣才鑄此激衆驚風鶴契丹雄朔漢唐則何以堪尉佗帝南邦漢則不能制戟列兮樹林掩蔽旌麾兮山岳奔頽鮑普臭而胎腥言之醜也今假威而出嘯誰能攖之色君則心痛韓仇力窮秦救智嚴信勇預乎將士之心光怪離奇先破敵人之胆班超以卅六人刳骨冞智以急而雄錢鏐以數千卒敗黄巢功以奇而創南人都怀忠武誠攻心之足嘉回紇羅拜汾陽亦摧堅之不事賊惑於神仙之名蛇思吞軍敗則長跪乞命象寸木並岑樓之高鼠欲傷牛杯水救車薪之火立身請余總領其軍大小百餘戰殲賊數十萬無如螳臂怒感鴻毛命輕象有齒以焚身豹緣皮而陷阱勳道益盛妝雜民緣其多金也因此絶粮見徵知著掛冠而仙尉先逃諸色用事志决羣才都去

身殲拂羽而將星踵隕立身死於難禾黍認高低之跡悠悠蒼天村舍現為焦土蒹葭深洄溯之思茫茫秋水籌筆有馹空傳漢渚之蘆墮淚無碑誰勒峴山之石是必覓馬援遺像補畫雲臺還當購白傅新詩珍藏秘閣并有裹尸馬革拚首龍沙櫛筆抽刀高秉斂之果毅中矢拔鏃慕周靈之從容拟朱拟白誓不還烈士當如此矣畏首畏尾身餘幾丈夫豈猶是乎然勤王事而死固為灵变国俗而妻還善哭從使江流無覺當慷慨以投書從教墓木有知定悲涼而掛劍糧之盡而軍能餓張巡之幽異堪寢援之絕而詩可題文毓之堅貞足錄尚書遺塚悲岣步爪之梅丞相祠堂淚灑錦官之柏而諸君子毀家紓難一囷之紅粟徒空投筆從戎萬戶之丹綸誰覓畫諾不邀夫鳳尾紀□應藉夫麟形賞不酬勞蘇典屬旄髭朔北

勲宜記棨裴晋公碑建淮西光襄秘籍無華嶠之藏敢曰刪修漢紀渢望輸陳壽之感遑云付託晋書乃追往事而愴怀念遺徽而出涕始謀不斷多方求海上之仙卒事堪憐無定痛河邊之骨磨楯鼻而盡忠以蘭筆簧記室之華遏黔首而幽怪都非飫搜神之録辞徵志潔騷雅固遜屈原文直事詳質直還宗吴兢列名臣於張浚敢徇南軒載游俠於史遷不遺劇孟村中人甚夥有不知姓名者無可柰何如知則必畧紀中采入務存简正粗立條流与義士表徽詞輝珠玉為忠臣作傳字挟風霜璞經三獻而終收炳儒林而有待藁瘞十年而始發登藝苑以無容然而華黍無辞南陔待補細書便於簡閲手寫原可弗忘隽功尚事謳歌膚刻還期不朽乃龍驤麟振既能与日月争光而焦葉焫藤不獲与河山並壽公等或捐廩粟或節俸錢

或分郁庫之膏腴或磬阮囊之羞澀成就名山之韞傳之其人輝煌秘府之藏煥乎其葉縢帙间添湘素燼簡可補十車葫蘆中有漢書手跡直堪千古從此旂常載筆竹帛書勳老李匱於行间超報之恩非薄識方千於身後憐才之根何窮膺簡擢而徽末終淪（内阁学士俛公述奏包村事陳朝雲葉已出都追之不及）思潛德而幽光必發若使詒徽輯畧刘公合校秘書就令策廢平陳賀氏堪為家傳

見觀化盦隨録

古越東安義軍畧紀

嗚呼興亡之理成敗之机雖曰天命抑亦人謀也故人才聚匹夫可以抗山氛人才散成局難以延旦夕至于牢籠百族駕馭一時声滿九州威騰兩浙黔首競而輸誠赤眉聞而喪胆雖功虧垂成勳難創寔而數里之村落權百萬之跳梁夫豈偶然之事哉世有包立身者於浙局顛蹟之後起義於隐僻之鄉羅致英髦奮碎豪傑外託神仙之名內修戰攻之寔大小百餘戰殲賊數十萬因忽成仇勢不兩立遂乃糾集大股堅壁厚圍外援既绝內粮亦匱尚能痛哭守陴効死不去雖曰無濟於事而賊勢因是非俊傑而能若是乎且請陳其事初粵匪蠢跡天下將有事也有倪慶標者棄制藝工術數屏家人登小閣五載足不履地遂精卦爻諳星家熟

兵書明治術談言微中位置自高世人皆笑之而慶標息交絶游窮經讀史晏如也又有董南喬者雄奇倜儻淵穆不可測其餘朱萬清韓鵬吴劭恩羅嘉壽羅炳鏕曹淦施培宗施朝宗陳鳳梧陳鳳昌駱定邦皆人傑也時蔡光襄開詩社故羣材萃會於其家咸豐十年春偽忠王李秀成糾股陷杭浙東震恐羣皆挈眷遠徙湫隘一空惟數家眷屬不避衆異而問之光襄曰彼豈真欲竄杭哉將以分金陵大營之勢倒戈反擊耳不然蘇常未陷而以孤軍來浙右哉吾恐蘇常不免杭且無恙而況於越乎人笑其誕嗣言卒應人始服其論十一年秋嚴州戒嚴陳藺遷於北沙南喬亦避於蠟嶺時浦江未失紹尚安堵人怪而問之笑而不答暨浙局既敗南喬遂起義於邑村俛慶標偕朱萬清亦相継而至初東安邑立

身者性奇僻談元妙自言曾受術於異人能知興廢存亡之理吉凶消長之机吳人怕鬼多信之乃設乩壇于其家占人休咎好事者又為張大其詞以寔其術於是舉国若狂爭相標榜甚至執贄載酒稱弟子于其门南喬見立身而異之曰是何神貌魁〻偉〻乃尔時山陰富紳王润亦避難于其村南喬因謂曰身居危地妻子金帛不吾有也以子多財何勿分润以建義旂孚王润慨然曰与其從賊而生不若殺賊而死況從賊者未必即生殺賊者未必遽死孚所憲者人不我附耳南喬曰立身声名洋溢狀貌奇偉愚夫愚婦方以神仙目之不如即借其名外以慰賊内以台衆若何王润然其言捐金千鎰羅嘉壽羅炳鑅亦助千金与立身聚米粟治軍裝將以拒賊十月初五日踏宵偽王將黃逆遣其護軍張某來村

責貢南喬藏其軍於夾谷設羊酒於村社以犒之既醉驟擊之俱殪搜得偽印遂襲偽文与諸暨偽佐將齊天燕徐逆以包村顧貢銀二千兩米二千担約其遣衆来護等詞徐遂派悍賊千名与其偽武軍政司何逆率領来村至村中絕無影響心中疑惑遥見草林中旂幟滿布此中人斜指曰張大人在茅屋中納貢何逆率衆繞入見四面皆積草杳無人跡惟髮首數百懸於樹間大懼而奔積草皆然咸委戈四竄南喬率村人環而攻之俱授馘濶渚偽軍帥懼禍之及己也將情稟偽侍王侍逆集甯嚴之衆將來復仇慶標知其謀急遣陳金鰲邀陳藹濯嘉壽輩来村議事陳金鰲年已七十能行百里亦奇人也羣賢既至遂議克敵之策曹銓曰諸公各守偏端雖已造乎其極然經術文章之懿江潮海日之天非蔡

光襄莫与屬也蘭曰襄見月暈犯牛女知越州必失九月初九日挈眷去不知所之又何從而訪焉朱萬清曰姑遣金鰲訪之一面備守禦之具于是擇山巃險處結營聚石壘於壼〻嶺及双尖峯湖田中畫設釘板闌斷蠟嶺楓橋等旁路布置已密專待酉軍十一月十七日偽侍王李世賢大隊來圍復大敗侍逆懼而罷兵朱萬清謂衆曰包仙之名奇矣然尤未甚怪昔者田單以小卒為神師誑燕軍我等當以立身為神師庶能安衆心而破賊胆乎衆以為然于是設乩壇於密室謬言有青臉神為若師賞罰戰守稟命而後行復為咒語奇其名曰雷公乙木咒使白兵佩之名之曰護身符初赵義軍裝尚不多乃剖大竹作劍戟大書八字于其上曰天賜神刀殺盡瘟毛使耄倪執之居後以助威復用白綢而疋紮

立身之頭如笠狀身服道袍腰圍草索口中念咒離奇光怪不可
擬議蓋立身〻長八尺腹能容石米蚕眉鳳目蝎鼻蛤口狀貌果
然魁偉而復奇異其服怪誕其言侍從皆大漢衣白衣如天神下
降凡遇大敵使之督陣賊見之無不驚走復使陳金鼇廣布謠言
于被擄者之家以包封百錢易包村一箸則獲錢百錢必乞於百
家遂自相傳播愚夫婦爭趨焉十日得錢十萬貫夷人方業於絲
盡買米藥鹽鐵故米藥鹽鐵均齊于是包仙之名大震遠近豪傑
相約來歸如名僧慧通方士胡獬皆有焉專門絕技來醴泉陳沛
元柯武臣牛孝槃皆有兼人之勇姚金龍丁元浩施廷佐陳七二
王繼堂陳安國沈兆椿皆精通拳棒陳小魁金璪王炳榮龔萬青
蔡啟華皆嫻習弓馬復得近村英壯五千人分前後左右中金木

水火土為十營十二月十六日山陰僞佐將龔逆遣其部姜逆率千人在澠渚盤粮王润派陳沛元帶百人伏于婁宮之左姚金龍伏于帶百人伏于婁宮之右來醴泉為前隊牛考盤為後隊王润自領中隊先使人於後山放火是夜二鼓分兵三路驟奔賊營姜逆不作准備棄甲委戈而走又見後山火勢未敢旁竄遂望婁宮遁歸適遇伏兵夾擊之無一生還者得粮三千石軍裝無算陳金鼇曰勝則勝矣然僞忠王部屬也我斃其党刦其粮不日即有大敵來圍爐餘生或能抗此難也蓋光襄於咸豐八年在皖南訪友適遇黃池兵潰于百萬賊中逸歸數臨絶地身不受傷故自號為爐餘生時蔡春園蔡震峯募義來村知生居鑑湖之北六房王润字急派陳金鼇往訪焉初生闻包村趙義欲進村助戰因挈眷避於

北沙訪張小坡陳譜香於湖塘欲與偕往適接賊大股出掠北沙生妻投井死弟琴無扶父而逃安父於姊家尋覓至生處謂生曰浙中初臨賊勢猖獗能戰之虜何止百萬若不擊其肘腋創其腹心勢必流毒豫圅如蠶食葉接應不遑安能漸次進攻搗其虛隙蓋京布不擾西楚之後淮陰不能挫項羽之豪仁恭不總南淮之師晉王未必制朱溫之命也我輩竪樹義幟相持不下使賊之包大股均至包村則左倫右寡即與天下以可乘之隙矣縱於越無補其無補於天下乎包君倔起田畝不諳兵法非仙非道可暫不可常兄抱膝讀書每謂世少知音長吁負負今則會逢其適正可抒其志而展其才萬一以仁勝暴以寡克衆不惟顯本朝養士之報亦使知窮檐僻壤尚有奇人也生曰忠賊之衆何至百萬若分

竄豫湘鄂三省斷官軍之後而截官軍之粮南京之圍可不擊而自解不知出此而欲報一敗之仇忿忿於匹夫取敗之道也雖然賊鋒方張大援到後必難取勝而大股為我牽制無暇旁竄豫皖則曾左二公能籌兵餉以合擊江南可平也吾又何憚而不為哉恰好金鼇亦至生謂陳譜香曰匈奴未滅男兒何以家為子可會同小坡邀集諸賢來村遂同金鼇入村慶標輩大衆樓見設宴相慶生曰不自將而主立身者何意南喬不答生曰事成則歸功於我事敗則禍假於人權仍在握而世不指名何心術之壞而意思之刻耶大号大笑因問解圍之術生曰浙江初臨勢不可當不乘勢机分竄豫湘皖鄂而來仇我包村者是失机也所擄皆杭紹之民不能戰鬥人衆則粮易竭軍弱則氣易靡賊勢從此衰乎當先立

法度以一軍心復野戰以觀其強弱然後用計破之是時白兵能戰者已有萬人生以七千人為六花陣分三千人為三十六隊游兵五人為伍十伍為隊十隊為翼兩翼為營七營為陣而遊騎雜于其間進退有度緩急有援如前營遇敵則左右兩翼營為援應副左副右為兜截後營為坐營中營為副指揮督率焉游騎出没於其間往返策應蓋正隊為正兵而游騎為奇兵也前中後營為正兵而左右副則又皆為奇兵如左營遇敵則左中副右為正兵而前後左右副為奇兵隅落鈎連曲折相對大陣包小陣大營包小營外畫之方内環之圓奇正相生靈变不形仍按尖陣方陣圓陣長陣之法因地勢之遠近險易以行吾陣之縱横变化焉于是派余琭為前營統帶陳駿甲蔡啟華副之董承恩為後營統帶来

醴泉姚金龍陳同和副之牛考槃羅炳鑅為左右營統帶吳劭恩柯武臣龔萬青章仁副之胡鄉慧通為副左右營統帶詹邦達倪友青卿倪得榮王錫齡副之又派手眼俱快者以主游騎陳沛元龔萬春統之沈光顯沈貽鉎倪惠倪文蓮駱定邦統理營務王小谷王潤張小坡陳譜香羅嘉壽許省身胡清泉袁煥亭徐向宸籌措朱葯倪仁祥馮雲峯蔡震峯總理軍裝包勳道包益丞總司功過倪讓施培宗施朝宗倪慶標朱萬清許延身龔康屠李棠馬春庭蔡春園韓鳳樓陳鳳梧陳鳳昌秦樹銛金葆恒周恭壽等參謀机務潘慶堂屠晏清聯絡各處團軍陳金鼇為諜探陳嘉潮為海查條縷分晰紀律嚴明聞鼓則進鳴金則退發號則馳息氣則伏用二十人執大白旂兩面以招信層層節制步步為營可勝不可

紹興縣志採訪稿

敗可敗不可潰如斯而已矛又派曹塗馮榮沈樹滋王韓昌製造軍器如連枝箭一發十枝用蠆毒斑毛信石巴豆煉成箭頭見血則喉封立斃飛天火球用大竹插架以繩繫竹梢灣竹狀端捆火斗實大火蛋於其中發藥斷索則球即飛去他如避箭牌竹炮飛天噴筒鍊蛋子母蛋空心蛋等物以備需用操演數日稍知步伐即行出隊賊勢凶勇互相衝擊自辰至酉未分勝敗帶傷極多牛考磐性趫率衆敢死衝入賊陣直搗陸逆陸逆大驚遁去生乘勢衝擊賊軍大敗追殺二十里天色已晚收隊回村六房謂牛曰子勇則勇矣未免太莽後當慎重牛曰凡為將軍者不銳進而能退敵乎生壯其言于是羣戴為牛將軍翌日賊旂徧插山腰至午不接仗正疑慮間賊目覔天福一軍從左繞來方欲迎敵東南角一

陣馬隊約五百餘騎飛馳而出至白兵未曾經歷返身即遁生即回駐蘆ゝ嶺覓天福從後追來幸陳沛元捨命敵住始能退躲白兵傷者二百餘人姚金龍陣亡生命曹淦代領其衆閉營堅守日夜焦思忽得一計命人砍大竹百枝截三尺筒千箇竅其ヽヽ本色五百個裝香料煮蠶豆際其蓋使不得洩氣黑色五百個裝穢臭之物亦覆蓋軍士五百負豆筒如賊馬將至開蓋委豆擲竹筒於豆前五百人負黑筒隨生調遣派羅炳鑅居右曹淦救應牛考槃居左余璟救應董承恩另帶善走者百人挑戰賊馬果出承恩帶衆急回負豆軍士如法擲筒棄筒于豆前馬馳至以蹄踏筒失前蹄以頭觸香豆筒停蹄食豆馬惡羣ゝ馬俱停拽之不去白兵兩路包來賊無奈下馬逃去生命負黑筒軍士覆穢物於豆上馬性

好潔齊住口仰首白軍則槍馬回陣寬天福不服追入蘆々嶺約
有數千人忽有巨石從嶺山滚下一連十餘塊封塞谷口山㵎中
有白旂兩邊皆是湖田賊乱竄入田田中有釘板中者盡倒故入
陷之賊無一免者生雖勝數陣而侍逆大股亦到圍之數十層連
營百餘里連日接仗白軍傷者極多双尖峯營盤又被侍逆攻破
幸古塘陳朝雲來救始不多傷士卒陳朝雲字祥圃義安東鄉人
也古塘距包村不遠故亦集衆起義即日入見立身並見生等曰
呂世俊起義於北鄉王春庭起義於山西圖應榮春起義於十一
都王應桃起義於金雞山均听驅策朝雲去遥來醴泉獲兩賊目
至生曰吾計成矣于是集南喬輩議曰臨浦賊之後路也來日余
同來醴泉衣所獲賊衣由双尖峯出必無阻碍假神仙之名預為

犇各裡山百姓使義橋黃初集其村人衝破臨浦賊營陸逆知臨營不守必然退蕭則沿途截殺此股醜虜無遺種矣然有武備而無文事雖以持久致遠必請唐君草檄然後可行此計南喬曰以君之才磨楯作檄倚馬可待豈尚他求哉生遂操筆立就檄曰且夫師犇勤王國脈有可扶之勢人思尋約匹夫無不報之仇偽天朝洪秀全者奸宄穴居逋逃淵藪鼠無跳梁之志兕貽出柙之机祇緣種近苗猺習成陋惡遂乃明聯邪僻簧鼓顓蒙始則蟻聚於綠林漸復鷹擊乎白晝鹿覺出夢知走險之終危虎欲噬人恐負嵎之難特于是大肆蠶叢食越桂嶺而擄雄遙鼓鱷波渡惡泉而流毒遼滁竇運生戶偃草綏猷因成蔓草難圖搖竿起畔村落脅愚黔之壯迫令前驅囹圄縲衣藉之囚牽連入夥染眉以掠地剝

盆子遂厥殘頑疊脚可為山張獻忠因其酷烈惡氛播兮道途赤凶燄張兮玉石焚兩浙街衢都成焦土六朝金粉盡化頹垣陽冊版圖陰陝溪壑業已甘心輸納猶坐斃於誅求甚而挈眷流離尚破殘於壟斷野無青草弱勝黃茵可憐兩浙之民是成何罪從決三江之水莫滌奇冤加以謬創邪規濫披偽號誕誇天命教演耶穌誰祧洪武之宗妄稱明裔頓改羲和之曆顛倒夏時天父何名天兄何典姊妹瀰淫餘之館觸目傷心賊幽所擄婦女別室曰姊妹館塤篪栝烏合之衆靡宗滅祖匪號其黨曰兄弟燒殘經卷火廟貌於蓮花蹴踏詩書燬宮垣於芹藻狼心忒狠狐性終疑安史禄山思明自殘為犄亦分風氣張陳士誠友諒始睦絲羅終剪星津蕭朝貴殺楊秀清凡在渠魁都石達開殺蕭朝貴怀疑貳從前醜虜無此猖狂種怀毒之崖餘腥莫罄舊陳琳之筆

書罪無窮而況強委禽妝織成獸行從情瀾以嬲妃逞憐惢嫩葩嬌窮慾海於寄豭不獨桃分袖斷張冠李借來鬼祟於溫柔魚網鴻罹換籧篨於癡婉尤可慘者綠珠既然飄墜猶嗔碎玉而摧殘青塚久已流傳尚揭覆碑而開鑿冷落嫏嬛地頓為戲馬之場寂寞越王臺遽作飾雞之障人罷市兮穴虎何殊耽弁屠城雀有巢兮居鳩不啻項王縱火千家野哭悲存沒兮難期五夜淒風悵飄流於何地傷心哉不知生樂奚識死悲與其日坐愁城競枝棲於鬼窟何若羣從義幟櫟戈盾而鷹揚立身身處田間志安社稷以人心之可鼓憑衆志之成城遑云竹冊銘勳同聲破敵敵曰草茅崛起相約尋仇陣演則變入風雲師行則氣凌霄漢連積倉以破野泛船之役無需椰肝膽以從戎破竹之勳可待對紅巾而蹙額

不煩七縱七擒麾白旆而誓師業已三戰三捷君輩或荷国家之寵解組躬田或蒙耕鑿之安食毛踐土義閡君父心志或可終癈念及室家成敗在所不計謀成克敵勇奏兼人排烟壁於千山豈徒塞塹出戎車于六月無非匡王張子房丰采猶傳洵可運籌决勝程知節流風未乂是誰拔幟先登果能擒賊擒王遑計懋官懋賞小民何欲隽功不艷夫寔封王者無私簡擢自殷於草野莫不容圖鱗閣銘勒燕然即有依恋危巢低徊刦網望故鄉兮隔斷遑問梅花遼樂土兮何從徒披荊棘顏魯公東都幽辱蘇典屬北海拘留誰憐涇渭分流可奈薰蕕同器李陵終陷知宵遁之本難蘇雁或因誰乞憐于旁貸然而素服迎梁馿非難策脫帽從漢騎可麾精如能去蠹躬心何事牽羊袒肉惆鴻哀于覆澤法約三章憐

鮒困於轍中網開一面如其予智自雄怙終不返飛蝗傷稼終殄西風掠燕依巢自罹霖雨孤扶博陸知漢祚之未衰功佐汾陽識唐家之復振顧申義憤於千秋共炳英華於萬古草畢以稿示衆遂録多張藏于馬鞍生即登壇集衆曰大敵在前糗粮告匱若不速戰是坐而待斃也君輩報国即以全家立功在於殺殺賊當踴躍從事破虜遏勉從事来醴泉從余至義橋踹台義民衝破臨浦賊營賊可不戰而潰也派牛將軍帶五百人於後日五鼓出蘆：嶺沿途聯絡百姓從後追殺不許放鬆一步直至臨浦方回派陳沛元帶五百人由蠟嶺繞至白獺湖埋伏待賊大隊過後剪擊其後軍派柯武臣由双尖峯至濁渚埋伏用石炮疊斷婁宮山徑不許敗賊回紹郡從古塘抄回七郎坪救應派龔萬青帶五百人至

小滿河邊時八橋已斷其七賊方平渡可背河斜擊之俟賊渡完却回歡潭擊退護粮之賊盡發其遺粮而焚其船使派慧通帶二百人專奪馬匹軍械派施廷佐帶二百人專搜賊尸左手金釧并腰間繫金派龔佑保帶百人於賊退後安頓淫餘女子分派畢遂帶来醴泉改扮出村途無詢者至裡山易服以檄文示衆曰後日午時已仙將賊擊敗由此經過父老可要而殺之各村鳴鑼集衆准備殺賊復至歡潭楊姓家告之曰敗賊若回臨浦必走小滿河此間有八橋均通臨浦大路君斷其七而留其一若賊至此覓橋爭渡乃率衆登山譬之使之亂嚷至尖山以檄付縉紳謝煥使其集前後村百姓截殺曰賊至此間半皆徒手裸体可戮力殺之至義橋令黃初平鳴鑼集衆得五百人至臨浦從者已萬計遂令来

醴泉帶隊衝入賊營賊方吸烟吋酒未知何處兵來棄營而走生令不許殺老賊使之北行盖欲其通信也遂派黃初守營來醴泉帶數百人紮牛頭山以斷柯橋援賊并絶潰賊去路使之中計㑹來王陸順德聞臨營已失連夜退下牛將軍隨後追殺陸逆無心戀戰欲從瀝渚回紹而路皆疊斷山谷中隐隐有白旂遂不敢回紹由白獺湖回蕭而後軍忽被截去方欲救應一陣排鎗前面又有白兵遂不遑照顧望臨浦大路而走而陳朝雲應榮春呂世俊王春庭輩義兵皆不期而遇於小滿河邊喊声沸騰山谷皆應陸逆至河邊覓橋過水而橋皆拆斷惟狹板橋尚存追兵又至人多橋狹大半落水死者無算喊声又起一標軍從歡潭而出陸逆躍馬渡河衆皆棄衣渡水天寒岸濶半死水中渡河至夾山追兵

漸遠時已未刻賊皆枵腹難以步履方欲掠粮煮飯鑼声響處白兵四面来圍陸逆棄馬而走衆皆奔潰死傷積野竄至牛頭山深望柯橋援賊不意已被来醴泉截断分兵三路奮勇衝下賊於此時飢寒困乏惟束手受戮陸逆拚命衝出竄回臨浦時已二鼓復被黄初衝殺一陣陸逆以三十萬大股圍村僅剩千餘名傷賊竄回蕭山閉城死守是捷也自白獭湖至臨浦百餘里间尸骸填滿溪水為之不流奪獲戰馬五百餘匹米三百餘船金釗二千餘双洋鎗馬鎗三千餘桿旂幟刀矛不計其数此同治元年二月二十八日事也威声大震四野响應餽米餽粟者不絶于道董南喬曰此番可以出兵白頭四起聯絡各村可得百萬先復蕭紹後克餘甯以甯紹之財守之江之險然我可攻金華也朱萬清曰不然甯

杭未復紹得而難守宜先守金華以屯兵然後席捲甯紹囊括杭嚴遂乃聯絡官兵牢籠夷人江南可一鼓而下也倪慶標曰牛女宮客星未退光鋩而色赤恐越民尚有血刃之災未可動也生曰來賊雖敗忠賊必來若舍紹攻金勞師襲遠未必有功若攻越城四面皆水城郭堅固未必即破若攻蕭邑彈丸之地可取不可守徒害近民余料十日内蘇杭大股必來復仇若我出而彼來是易進而難退也況軍雖諳隊伍未知節制爲今之計不若收羅壯士延攬英雄教演陣圖講明紀律急買米藥修葺墻濠待大敵來圍用幻術以疑之用奇計以勝之殲厥渠魁散厥醜虜聲威既播攻取愈易俟官軍漸近先使能事者聯絡然後先復蕭紹暨克金蘭彼時曾帥既通督撫亦貫遂由嚴桐而圍杭郡杭之民以蠶桑爲

業不事耕耨去冬賊已掠取殆盡故杭賊無粮若大軍進攻必棄之而走斯時曾帥必蔽大江而下我則越桐溪而收樸李上洋之軍則由青浦而搗吳門四面會剿不暇旁竄始可盡殲也若急於就功雖於成事余不知其可也王潤曰君當出以救民詎可坐以待斃耶救水火而解倒懸何以待為生曰夫兵危事也光武以兵斂之資而危于河朔太宗以天下之衆而困於小夷忠武過慎而師出無功伏波過忠而名隳晚歲蟻附而登虚壁持重者不為魚貫而入陰平知兵者不取凶鋒方張而欲以一勝之功傾其巢穴雖操必勝余非不欲出也俟偽忠王敗後然後進攻論遂定陸順德求救於忠逆忠逆派偽保王童洪海麾其衆來攻洪海懼而變於是派偽慕王譚逆率其黨二十餘萬渡之江而來鬥生派來醴

泉帶裡山壯民助黃初守臨浦營壘派牛將軍帶五百人紮於臨浦對江為掎抱之勢派陳沛元紮牛頭山曹淦紮蠟嶺慧通紮双尖峯楊清安紮蘆〻嶺請董南喬助陳朝雲守古塘人自為戰營自為守不暇請令相機行事派陳金鰲探信賊從何處進兵不日回報曰從支塘溯下復橋而進生曰此路峯峦重疊樹木叢深果從此來易于取敗恰好連枝箭飛天火球連枝竹炮綿牌大噴筒以及鍊蛋子母蛋空心蛋等物俱已造就向裡山人問明路徑因喚陳同和安頓七郎坪老幼婦女於後村鍋盤等物不許存留一件同和去訖命各領兵者分頭埋伏慕逆之攻包村也因臨浦大路有白兵營壘率其醜虜望下復橋而進至七郎坪時已午刻見前面橋梁已拆對河有草蓬數個慕逆親來察閱令截竹築浮橋

渡河一面掠粮煮飯探報數里內野無居人且無鍋灶方雜亍設處見一老者黃巾紅褂口称本村師帥來見大王慕逆即命購辦鍋碗鄉官曰此處百姓聞天兵過境盡皆搬去惟隣村尚有大王可派精幹兄弟同去運來慕逆即派其通檢帶悍賊百人同老者去訖許久不來腹愈飢慕逆焦躁見對村炊烟滿布乃命老賊執刀督築浮橋又時許橋將築成忽數道火光從草蓬中出著衣則然著肉則腐築橋者盡倒河中衆皆亂奔慕逆令暫退數步曩者皆斬稍定忽搬鍋者僅一二人逃回曰前面盡是白兵鄉官引我等入重地環而殺之我數人在後倖免慕逆大怒令先屠是村然後進攻即命逃回人帶路不數里忽逢單邊路依山帶河山不高而立河不闊而深鑼声响處白兵羅列山峯炮石火蛋如飛而至

慕逆命洋鎗上往上開放忽喊声自對溪而起棉牌數百扇從茅屋中擁出形如半舫排列河邊正對洋鎗隊子不能入羣賊正在呆看忽有短箭長僅及箸從牌隙中出多如蝗密如雨鋒利無比賊皆着單褌中者盡倒喧嚷而奔慕逆呼喝不住亦隨勢潰下白兵四面殺來争先恐後慕逆折兵大半從蕭山竄回捷走數十里追兵漸遠驟得一村天色已晚慕逆令且安息舉村無瓦屋盡是茅房幸有鍋灶米粟覓火舉炊羣灶齊崩有火球從烟囪中飛出茅屋盡然羣賊棄軍械馬匹趦蹌而出一声炮响一標軍攔住去路慕逆棄馬而走羣賊狂奔自相踐踏死者不計其數連夜奔回蕭山陸逆接着相謂曰包君真神仙耶數椽茅屋如何不火自焚余不与之争矣乃率衆往圍湖州時陸逆閉城不出鄉鎮各賊卞

俱撤生回湖塘省父古塘陳朝雲移營之臨浦請王炳榮黃初兩軍攻蕭邑王潤王小谷羅嘉壽羅炳鑠許廷身周錫藻吳劭恩韓鳳樓輩各回家起義兵助之三月十六日進攻蕭邑小挫陳朝雲親來乞援生弟琴生親率陳沛元慧通兩軍往助至臨浦由鶴駝橋進軍會忠逆又派其僞世子衷安過江來救衆以數十萬大戰於城南郭外不意陸逆渡數千人至曹家橋埋伏琴生返軍遭与遇衷安大股又從後掩至陳沛元當先率衆衝出史村而沿途盡是炮船鎗彈如雨陳朝雲領軍來援賊方退入城去白兵死者甚衆慧通詹邦達陣亡生弟琴生中彈傷左肋生聞信至臨浦翌日衷安引大股來義橋乃与野戰於三江口生自与陳朝雲從新壩搗其中堅陳沛元從黃竹塘兜其後各路白兵由臨浦大路攻其

首衷安存腳不住敗回蕭邑賊傷殆半衷安復閉門不敢出生擒軍回村遶山會蕭百姓爭避村中生曰急以善言勸之出村包勳道曰人方來躲柰何麾之生曰衆之避於村者將以求生數里之村屯數十萬疲民大敵來圍如何得食是來送死矣夫神仙之名將以惑賊非以愚民況北沙安堵如何不去彼都隱避而來烽火域耶諸邑以民之入村者均係大家利其財不樂拒生曰異日之敗吾村者必若輩也琹無重傷死生泣曰吾弟既死而葬令復不行吾復何為乎乃令古塘陳朝雲倫辦乾粮為衝營之具忽報偽听王陳逆偽侍王李逆暨熊逆普逆納逆金逆甘逆衷安衷思等衆以百萬號稱三百萬於三月二十日渡之江而來鬥生曰李世賢若來其偽主將黃芸二逆必來助戰甯波空虛余當以偏師

入甯約會定海布氏昆季乘壺來襲甯可復也然後會合而攻紹則事諧矣遂將村中事交董南喬俔慶標楼手生与朱萬清董承恩蔡春園入古塘命陳朝雲誓衆願衝入甯防者得壯士三百人生令各飽食每人負火藥五斤炒米五升於二十六日出村逕圍村大股已至楓橋徧山滿野勢不可遏生令退入涉埠安歇命軍士砍大竹數十株去其柯斷其尾嚴其節窴磁粉火藥於其中翌日命三百人以百五十人執大刀護衛以百五十人負大竹前者順負後者倒負直至楓橋布圓陣于平坦之地三百人各馬伏鳴鑼擂鼓賊目詢之引衆來鬭三百人不少動賊又退數武如是者三賊衆疑惑引去以大股來圍生料遠近大約可及賊忽一声吶喊以火然竹梢倏如水龍吐水狀內有磁粉中者盡倒賊從未見

過又突如其來大駭狂奔生命三百人委竹各執刀乱斫衝出楓橋望鄭縣而走至平水離賊已遠查點軍士不少一人生喜謂承恩曰吾三百人較班超三十六人爲更強乎蓋軍無多寡在人運用何如耳閲五日至山北主芒姓家修書約布良帶勇來攻鎮海專待捷音翌日逆衆大股均至包村畏戒之強不敢接戰遂鑿長濠以圍之自夏暨秋村中粮已絶會天旱水生蟲難民日殪數千立身率衆求戰賊不出前後衝破賊營數十座賊終不去七月初一日立身与衆誓欲死保難民出村柯武臣率五千人爲前鋒攜老扶幼以數十萬民裹其中立身親自斷後自辰至酉不得出而陸逆已率大股從双尖峯入村縱火焚村舍立身見村已破自刎於馬面山陳團香包勲道包益照楊清安及门人百餘人皆自殺名

立身有妹強有力執双刀出入賊隊中殺賊無算力盡以刀自斷其喉賊聚而砍為肉泥惟南喬余琭保幕中諸君子及善戰者皆得透出重圍其餘男婦老幼同日殉難無一免者先是村中絕粮衆勸立身棄民走立身曰我本農夫素無名譽今賴諸君之力得舉義旂使千載下之責名寔者知有包義士三字願亦足矣能保則諸君之功也如其不保身當以身殉焉於是村中人罔不感泣俱舉家相約男婦老幼咸佩凶器如村陷則聚首室自焚不受恥辱也故合村無瓦全者慘痛之情不可言狀雖唐之睢陽明之江陰無是激烈也我国家深仁厚澤浹髓淪肌所以縉紳之子岩穴之人即至匹夫匹婦亦罔不執干戈衛社稷決命爭首收智勇於勢窮城破之餘勵志殲身殆節義於粮絕矢亡之日誠千載所希

聞而古今所未有也嗚呼可為壯哉邑義士能不傳耶

見覌化盦隨録

紹興縣志採訪稿

浙撫奏稾

奏爲遵　旨訊明王履謙貽悮情形據實奏叅仰祈　聖鑒事竊副都御史王履謙奉　旨幫辦團練紹興失守王履謙赴閩藉詞諉罪欽奉　諭旨革職拏问交臣就近審訊按律治罪經督臣慶○將王履謙委員押解前來臣比欽遵　諭旨逐一研訊如瑞○王○○原奏飭甯紹台道張景渠嚴防甯紹王履謙議格不行又復袒庇紳富致捐借俱窮一節據王履謙供稱革員自揣不諳軍務張景渠辦捐苛刻未洽輿情曾商請前撫院派令鹽運使莊煥文候補道彭斯舉來紹會辦嗣莊煥文彭斯舉所帶八槳砲船十隻兵二百名閩勇八百名來紹未及半月兵勇因口角私鬥殺傷七人各散彭斯舉即回省城莊煥文移紮義橋是王履謙以張景

紹興縣志采訪稿

堃辦理紹郡捐輸彼此參商因咨調莊煥文彭斯舉赴紹辦防原奏張景堃嚴防甯紹王履謙議格不行自係指此而言又原奏署紹興府知府廖宗元等力籌布置以違王履謙不願設防之意人遂誣以通賊因而痛毆王履謙從旁袖手比及城陷而走廖宗元殉難甯紹連陷貽悞全局一節且查江蘇撫臣薛煥咨據廖宗元之姪從九品廖承澤稟稱廖宗元自八月二十七日履紹興府署任竭力籌防因兵餉兩窮稟請林藩司調撥張田二軍兵勇二千名及何炳謙砲船四十隻來紹守禦王履謙聽信局紳張存浩張桂芬等措捐不發兵餉廖宗元向張存浩嚴追張存浩抗捐不繳迨何柄謙在蕭山陣亡所剩炮船退至紹郡廖宗元出城安撫時該紳富等揚言知府通賊喝令水龍勇黃頭勇將廖宗元叢毆頭

面帶傷尤重王履謙置之不理二十七日諸暨不守二十九日紹郡遂陷廖宗元陣亡懇請優卹等因又准湖南撫臣毛鴻賓咨據廖宗元之姪遇缺即選從九品廖永澤禀稱廖宗元履署任大日浦江失守義烏東陽相繼告陷賊逼諸暨嵊縣離紹不過百里王履謙意以兵勇擾民不如以民自守致防務未設廖宗元請調外江砲船入内港特值兵餉告匱嚴催富户捐輸紹郡紳民均稱不便廖宗元極力整頓事多掣肘九月二十日賊由富陽南岸奪外江船渡臨浦港以陷蕭山逼犯紹郡砲船接仗失利何柄謙陷於賊中餘剩砲船駛至稽山門外紹郡團勇唾為逆勇且謂賊渡臨浦係得外江砲船而渡遂誣内港砲船通賊民團與砲勇相鬥廖宗元出城彈壓局紳張存浩等糾聚團勇揚言砲船通賊廖宗元

不應庇護將廖宗元親兵殺斃十二人並傷廖宗元頭顱王履謙時曾出城勸解二十九日賊匪攻城各團全潰王履謙亦走廖宗元督親兵十餘人禦賊殉節懇移咨查明請卹而呈詞亙有出入而廖永澤所稟較爲核實原奏廖宗元力籌布置以違王履謙不願設防之意人遂誣以通賊因而痛毆王履謙從旁袖手似團勇毆傷廖宗元係由王履謙主唆所致王履謙於廖宗元被毆時亦似有意縱容臣維紹郡紳民因捐輸頻數意在慳鄙又以兵勇擾民而不能殺賊遂謂用兵不如用團固已併爲一談牢不可破王履謙時方咨撫臣調兵助防紹郡原無不願設防之心紹郡紳民因廖宗元所調管帶砲船之何柄謙敗陷賊中遂疑退回砲船通賊殺斃廖宗元親兵並傷廖宗元頭顱此時王履謙出城勸解亦

寔無從旁袖手之事原奏得之一時傳聞自難據以定讞維王履謙以在籍三品大員奉　旨幫辦團練事前既不能与地方文武和衷商確共圖保衛之方事後復不能与同里士民竭力綢繆共思恢復之策王有齡廖宗元於城臨之時慷慨赴難大節凜然王履謙雖訊無棄城先遁情事然既倉皇出走忍恥偷生復藉口王有齡所調砲船通賊及廖宗元調處不善飾詞瀆陳希圖諉罪律以謀人軍師敗則死之之義即請　旨立正典刑亦屬情浮於罪惟該革員究係本籍幫辦團練之紳与地方官吏及帶兵文武有間律無治罪專條且該革員賦性迂憨貽悞各情多由受人指嗾所致可否將該革員發往新疆效力贖罪之處伏候　聖裁至署紹興府知府廖宗元以力籌防守嚴催富戶捐輸致紳富張存浩等

誣其所謂砲船通賊殺斃該故員親兵並傷該故員頭顱旋帶勇
守城禦賊捐軀廖宗元當艱苦窘迫之時堅貞自矢孤忠大節凜
然如生應請　旨照知府例從優賜卹並建祠紹興府城以安忠
魂而昭獎勵其紹紳四品封職張存浩等因廖宗元催捐嚴峻挾
怨懷私胆敢誣稱廖宗元所謂砲船通賊糾衆殺斃親兵十二人
並傷廖宗元頭顱罪不容誅應俟收復紹興府城後嚴拏到案盡
法懲處所有訊明王履謙貽悞情形謹據實直陳抄錄王履謙親
供附呈　御覽並請　旨優卹廖宗元各緣由伏乞　皇上聖鑒
訓示施行謹　奏同治元年五月十一日内閣奉
上諭前因浙江紹興等府縣相繼失陷王履謙以帮辦團練大員
倉皇出城猶復藉詞諉罪當降旨將該員革職拏問交曾国藩查

辦旋以該革員於紹興失守後航海赴甬復降旨改交左宗棠拏問嚴訊茲據左宗棠奏訊明王履謙於甯紹吃緊時已咨調鹽運使莊煥文等助防紹郡尚無不願設防之舉署紹興府知府廖宗元所調管帶砲船之何柄謙敗没賊中紹郡紳民遂疑退回之砲船通賊致將廖宗元叢毆受傷甚重王履謙曾出城解勸亦無從旁袖手之事惟臨難出走飾詞諉罪咎無可辭請將該革員發往新疆等語王履謙以在籍幫辦團練大員雖無棄城先遁情事惟事前既不能與地方文武和衷布置事後復倉皇遠遁藉口砲船通賊廖宗元調處不善希圖諉罪於人左宗棠所稱即予立正典刑亦屬咎有應得持論亦尚平允惟念該革員究係本籍紳士辦理團練之員與地方官吏職司守土者尚屬有間王履謙著照所

擬發往新疆効力贖罪以為紳士貽悞取巧者戒其署紹興府知府廖宗元以力籌防守嚴催富戶捐輸致被紳富張存浩等誣毆殺斃親兵十二名旋復禦賊捐軀城亡與亡寔屬大節凜然殊堪嘉憫廖宗元着照知府例從優議卹並於紹興府城建立專祠以彰忠藎其挾忿誣揑糾衆妄殺之紳士張存浩等並着左宗棠于克復紹興府城後嚴拏到案盡法懲治以儆兇頑欽此

浙紳孫士達等公稟未録

職員張存浩稟詞未録

具公稟浙江紳士前江南道監察御史甯波府教授謝榮埭江蘇候補直隸州知州署崇明縣知縣錢德承同知銜江蘇候補知縣陳鎔謝申烈陶守廉胡大亮金燦前河南淅川所撫民同知王官

紹興縣志采訪稿

亮內閣中書佘恩照兵馬司副指揮宗鴻逵候選布理問胡礼尊江蘇候補縣丞王懿寶前福建光澤縣典史徐公義江蘇候補從九品吳念曾同知職銜李怀珍職員刘栻生員王復元監生毛恩濤

竊榮埭等籍隸紹興諗知紹郡民情素稱柔順平時奉公畏法不聞聚衆抗官軍興以來奉憲勸捐迭辦多年均無違悮咸豐十年二月間杭城失守前都察院副都御史王履謙奉　旨帮辦團練與地方紳士設守江防需餉日繁賊氛日近勸捐募勇勢將不支上年九月間上江警信迭至逼近蕭諸前府尊廖宗元在湖州防守素著威名調署紹興人心傾慕惟紹城附郭盡屬民居沿濠輒成乱冢自應拆掘以便守城府尊蒞任之初首先掘冢愚民不諳

兵法便出怨声其隨帶八槳砲船確係經戰砲勇有時登岸奪取
食物擅入民房在衝途見慣知為官兵過境之常絡只則僻處偏
江民不知兵少見多怪因疑生懼相約嚴防始則以防賊者防兵
继則竟指兵為通賊謠傳道路莫知其言所從来九月二十六日
居民出城奔避河小船多遭砲船槍駛入城撞破民船互相格鬥
砲勇踏入民船亂竄民防勇搶羣起毆勇愈聚愈多勇知不敵然
炮恐嚇兩岸居民恐被砲傷相助逐勇登時斃勇數名當經王都
堂廖府尊段臬憲与縣尊莊鳳翽邊厚慶都司哈錦清調停一同
出城救解其時廖府尊先斥砲勇不得滋事後詢居民何故擅殺
声言於衆人命須償衆民争先訴稱砲勇通賊砲勇亦争先訴稱
百姓殺人一時喧嚷擁擠人多口雜曲直難分府尊急覓坐轎回

城隨從陡然鞭呼鬧道民恐被拏用力抵拒又成互毆之勢其遠望不知虛寔者亂擲磚石中傷府尊頭額並毆傷隨從人等維時變出倉猝防不及防王都堂固解散無從兩縣尊亦救護乏術城鄉鼎沸頓起訛言奸細乘衅而驟來潰兵叩關而突入從此禍机日蹙大刦旋臨寔地方非常之變榮埭等所目不忍覩耳不忍聞者也至五品銜職員張存浩貿易營生向安本分榮埭等但知其累年捐餉踴躍辦事勤勞為官紳所倚重其平日為人尚知大体頗不至指兵為賊視官為仇与無知識之愚民等茲聞其被廖府尊之控廖永澤指控唱衆毆官奏准飭拏解訊亦或疑事出有因乃查該職員既未久繳捐銀又不管帶各勇臨警之日病足在家不便行路以致被擄遠出旋即脫蘇泸中及至奉拏並不情虛畏

避現在勸辦浙捐尚屬竭力捐輸首先報効似該職員必非身犯唱衆毆官猶天大罪之人誠恐廖永澤雪仇情切探听未真抑或另有挾嫌妄指之人傳訛作信今既罪干重辟無辜株連將來訊取確供亦不至悞罹法網惟榮埭等或臨時避難近鄉或事後接眷來滬各有見聞不忍緘默若並由先後逃出難民互相質証雖不能指出誰為唱毆之人而皆知該職員寔無唱毆之事然事關公論衆口僉同凡屬同鄉願為合詞申訴除署長洲縣知縣何光綸署上海縣知縣王宗濂現係奉委提案之員未便列名外為此公同具禀仰祈　大人恩准據情咨請

兩江制憲曾
浙江撫憲左
俯賜昭雪愧俾免沈冤衆情感戴肅此叩禀恭請

勛安伏乞　鈞鑒　同治元年九月　日

蘇撫批浙紳孫士達等

查張存浩係奉　旨嚴拏之犯即應解赴安慶大營听候浙撫部

院提營訊辦斷不能據該紳等一面之詞即与昭雪惟所犯情罪

重大該紳等合詞稟懇自屬有所見聞仰候移明

浙撫部院左
兩督部堂曾　核復後再行派員赴解可也

又批浙紳謝榮埭等

已於孫士達等稟內批示矣即查照

又批職員張存浩稟

已批孫士達等公呈矣仰即听候核辦

孫　先生道復原信

數年濶別馳企彌殷遠隔天涯未得時通箋候尤深歉仄祗維

滌甫七兄世大人道倖望嶽

勛建運河即承　楓陛之恩施允作梓鄉之模楷引詹　吉靄昌

謦頌私家山淪刦慘目傷心敝廬已付燹灰眷口避居鄉曲弟攜

小孫傳曾航海來都借榻譚廨極承款曲而離家未慣每至寢饋

不安秋間小兒念祖有山右之行託　庇往返平順差囊雖迴不

如前以之援濟家用分贍親朋藉幸稍舒眉急旅怀亦得整安奈

昨日舍再姪由沪来都知張舍親禍臨倉猝焦灼萬分舍再姪本

擬即日馳赴山東面求　矜濟因感冒海風不能就道弟〻代伊

詣懇雲史五哥暨兒媳輩以天寒道梗堅不放行不得已肅柬奉

求　大君子垂鑒奇冤雲霄援手其巔末備述陳覽夫太守函中

不贅事在迫切尤望　速極倚荷　再造之恩感戴不獨張氏已

也叩禱〻〻舍十七弟拟仍来直需次知 法附反專懇肅布懇
敬請 台安渴盼 回示 世愚弟孫道復頓首 小兒小孫姪孫輩侍叩

陳寬夫先生鎔原信

滌甫七伯大人閣下前肅寸稟由李太尊處加封寄呈諒登
慈鑒矣近稔 升華叠晋 榮擢安疆曷勝忻慰 尊紀喬福来
沪接眷因李櫂庭處殊無妥便姪夙荷 裁成義當竭力特着妥
友附張廣川貨船往接今於是月十九日安抵申江在敝庽躭閣
數日姪再留因 大嫂急欲前往且恐歲寒氷凍舟隻難行未
可延駐無奈 尊紀已赴江北而途中又不可乏人照拂姪因遂
萬穩家丁單福護送江北一是可請放心姪累年家食株守爲難
刻下因病延医診治希圖速痊早作出山之計前經沥函布懇仰

乞 成全或分發或投効或指捐宜何布置尚祈 指示為禱小兒慶霖朽蠹菲材經第未瀾當此景況掣肘不能不有期於後昆現擬為小兒先行報捐知縣在江蘇當差畧圖薪水然此非人情不可仰求 格外栽培敢乞 函致撫藩照拂是所拜禱申地現設捐局由撫憲左奏明着段臬司勸辦浙捐現有照會着姪總理其事雖有竹人家多居滬上而一經遭難皆未能踴躍向前公事之艱甚非易易而姪又以一病在身精神稍減未知能否終局也張廣川一節日前寄呈公稟稿想登 鑒閱現經書定四員元可謂竭力所有撫憲批示抄錄附呈一切總求 鼎力玉成切寔函致曾左兩營代求昭雪俾得因犯見天則感 仁德於靡涯矣耑肅奉懇祇請 鈞安 姻愚姪陳鎔謹稟

又信

滌翁七伯大人閣下是月十六日　尊紀來滬接讀　鈞諭藉稔

升華晉吉　政祉咸綏忻忭殊深張梅坪家冤案已詳正月六日所發稟中蒙寄江西一信沈墨翁來函據於去冬除夕又到轉呈刻下復函諒可遞到矣專差寄信應用川費若干乞　示下以便梅坪措奉段憲解餉赴左營亦將此事婉爲分解今來復書上意有明知委屈破格成全之語擬將捐項按期繳楚并於月內前赴左轅投到叙供以便結案此事寔出　恩施感激非僅身受也吾紹於春正二十六日恢復惟一經遭變之後民不聊生令人悯々墨舳在紹府楊太尊處潘十兄等殉難之姓名容稍緩得回紹公集具稟請卹槐階仍居謝墅尚無恙得秋間北上尔時順道山

左右　敎誨敬請　勛安　姻愚姪陳鏴頓首

沈墨莊先生信

迪翁老哥世大人閣下去腊十七日肅緘布候計新正可達　典籤除夕　尊价来棒到手書如親　面教並諗悉　動履多福矍鑠勝常慰忭無似張氏昆季經段鏡湖廉訪飭令捐畬餅三萬隨同收復甯絕以自贖現聞餘工新嵊四邑已復越城之賊亦已退出猶踞柯橋錢清聞若得越郡肅清則漁鄉輩便可稍從末減矣

閣下致左帥書五言極為得体李黼堂方伯現乞假弟送將来件送閱渠不置一詞僅以讀過附納數語作答因思此禀未便郵寄計若農早晚當過此間屬寄較安龍游相持半載竟未得手恐掃除浙境非易〻也吳通判謹中已到任蔡明府忠堪擬調補

湖口作古承　詢附　聞弟遂隊趨公依然故我幸一切叨賴帡

遼足慰　綺屢肅復敬請　台安諸惟　蠲照不盡　世愚弟沈

元泰頓首

先鄉賢公致左中丞書

季高撫帥節鑒宥〇〇前寄瀟湘耳　大賢之名久矣近聞　建

節吾浙提一旅之師以平小醜所向皆下欣幸無似　滌帥日前

來濟告以軍務之得手談及紹興往事深為王惜而〇〇鄙却為

王幸不能聯絡文武逆料必敗事後倉皇出走不知料理善後寔

屬咎無可辭姑無論當今逃官之多寡均得幸免与否而王已被

人控訐係奉　旨拏問之員乃得我　公曲為周旋發遺贖罪豈

非不幸中之大幸乎廖守蒞任力籌防守如此賢長官實為愚民

所叢毆宦吾紹恥事廖守到紹甫旬餘未得民心反遭疑忌紳士不及開導致釀毆官之舉半亦時勢使然官紳雖難負責官紳均難辭咎所可嘉者廖守復能帶傷禦賊為國為民卒至力竭陣亡上足以報　朝廷下亦足以對吾紹紹人能不蒙羞而感激耶此中委曲是又全仗我公為之婉陳請卹紹人均深願為廖守立祠以淆前愆聞當時滋事之徒類屬烏合游手不安本分蓋涇渭自殊途也若張存浩者本屬貲郎頗能急公好義任怨任勞平日官紳素所樂與若謂其挾怨糾眾毆官我　公當亦不信廖永年之指控局紳自為情切報仇不足為怪譬如子弟僨事罪坐家長小人作亂辠過君子張存浩若明大義何必呼冤○○深惡小人學做君子知而不言過亦難辭我　公不棄菲薄尚望　廣諮博訪詢

○○雖係紹人与張並無深交　公左右不乏紹人公論亦自可採然何加之罪何患無辭若謂紹人毆官紹紳不救指鹿為馬作懲一警百計自亦理所宜然竊謂莫若責張募集軍餉若干令自贖並為紹人贖也張亦無所謂寃不寃也○○無所偏倚焉敢直陳尚祈　明察遍詢紹興尚有黑白是非應如何予以懲儆戒公自有權衡此輩雖与張存浩相提並論也○○河干尸纛建白未能　邸帥不以其愚特檄訓練河營老猶談兵亦頗自惴耳伏盾舒紙敬頌　捷安諸惟　鑒察○○宗○○謹上

張梅坪君存浩原信

廸翁仁丈觀察大人閣下正月五日由舍親陳寬甫附奉蕪函後又托西郡滙票局寄呈草椷內詳種〻諒次第投　鑒矣頃　貴

价喬二爺來遞椄到　華翰并由陳舍親交到金葉紋銀並帳均
經聆悉然此款本可無庸急擲況屢蒙　惠愛誼屬桑梓親而兼
友區〻之項何必記憶素知　老伯大人古道照人殊深欽佩在
姪更覺赧顏歎甚〻〻　所事前荷專函豫者今椄　沈墨翁來信
擾云已於除夕日收到當托妥人遞送大營想有覆音承贐來往
資費若干便乞　示知即當奉繳段廉訪解餉已到左營現椄其
二月二十日來書內述婉曲上陳而中丞深知此中委曲大約能
格外成全并奉面諭必須令姪迅速赴營以便中丞面詢夕人即可
了此一案且云斷勿疑懼儘可放心並札飭何委員守提姪認捐
軍餉二萬四千五百兩即日措齊等語第思中丞既得　老伯一
語千鈞更知寬抑不得不早為投到現將捐款變產張羅如數擬

於月底初与何委員隨餉赴嚴州大營一走得能速於昭雪皆出 仁

施則 厚澤鴻恩殁存均感既蒙 惠拂還祈 成全始終至禱

：：紹郡自正月廿六日克復以後上游水陸皆已肅清惟杭嘉

湖尚未得手左帥駐紮嚴郡蔣方伯富陽紮營堵禦現聞与夷兵

聯絡進攻杭城大都指日可望收復之象所慮者家鄉蹂躪不堪

竟無完全之家若辦善後籌款維艱將來恐有民不聊生奈何〻〻

：：幸聞左帥声勢赫濯佈置周詳深知紹人困苦已極或能藉此

安妥紹地米價看高九千之則次不一 尊价回濟給其辛苦英

洋十二元以表微意屢蒙 垂愛作何圖報肅此奉佈敬請

鈞安並頌 潭福 世愚姪張存浩仝弟桂芬謹啟 三月十七日

甲子正月十二日又信

滌翁仁大觀察大人閣下去春喬二爺去附達一函諒荷
青照逐維　禔躬納祜　政比春和定符私頌姪天降奇寃幾遭
不白蒙　仁者及　諸鄉老関愛垂憐無不代為剖訴去歲初夏
投案至嚴承　督憲尚加霽色祇以捐事未了在嚴州羈押半年
今春正月繳捐至九萬數蒙段憲具稟請釋已奉批示允准案亦
從此清結惟未繳一萬尚須措繳耳知関　廑念肅此布　聞紹
郡賊退之後情形漸好杭省不難指日克復敝眷寄廣滬中今姪
已可旋里擬即搬回第居城究猶未便改居東路鄉庄暫為棲足
今親王若農觀察現在衢州辦理總粮台姪事亦承関照此皆
出自　仁者之賜感　德寔靡涯矣謹肅寸啟並達謝忱餘容續
告恭請　勳安　世愚姪張存浩謹啟　見覌化叁隨録

袁樂忠傳

王　極　定甫

袁樂忠山陰人先世雄貲聚居于邑之練塘村及樂忠落矣而族衆猶千餘人獨百餘年未有占文武科籍者樂忠發憤讀書弗成出遊台甯沿海諸郡邑以蘇落魄投營伍余舅氏鳳千公其族從父也寔佽助之道光辛丑閒海夷内犯將軍全軍赴鎮海時四川副將朱貴獨領兵後將軍令一日期抵紹興府城乃併日夜疾而前驅樂忠以本郡兵充鄉導朱將軍于途行甚迫樂忠私謂其伍曰吾將軍即飛行度不得前大將軍獨鎮海金雞招寶兩山前有閒道長碕嶺殊扼要大軍專趍金寶若吾軍自長碕或轉出大將軍前且宜先見敵朱將軍聞之喜用其言比至長崎果先大軍而夷大至血戰甚力軍孤失援朱將軍父子歿于陣而樂忠從死敗

卒逆隸者言樂忠死時營帳焚身已為火傷焦爛如墨色忽自烟燄中躍起數丈投海水中嗚呼烈哉余表兄袁樂周與樂忠從兄弟為余言悉故傳次之

論曰昔余嘗謂行軍必通天地而孟子言天時不如地利自海夷為亂世之講求于海疆形勝者亦已勤矣獨于吳有鷹鼻嘴之挫粵有川鼻灣之失越有長碕嶺之敗又籍夫圖經者之未足盡也然則何所據而後可哉曰求之人若樂忠者為可惜矣何文武科籍之足云 以上見船觀化叢隨錄躬恥叢鈔稾

五月六日校計八張

越州紀畧

會稽陳元瑜瑾侯

流寇之亂始於黃巢橫於張李尾其後者則所稱偽天王洪秀全是也道光三十年洪賊擾粵西竄湖南出湖北江西據江寧安徽旋陷蘇州而浙水東西已成累卵之勢咸豐十年來又自嘉興延及海寧諸邑自徽州流入金嚴諸郡而所稱官軍者劫財女外無他技于是吾越殆哉岌岌不復可居然猶幸其未至也時浙撫為王有齡小有才喜自用而未能大事吾越團練使為副都諫王履謙亦師仲尼之未學軍旅者新郡守為廖宗元曾守湖州稱保障才其履任也以礮船數十艘來下車伊始所謂新政者繞城掘塚按畝派捐而已計東南喪亂至此已十二年吾越富民歷年輸餉

力皆不遠而南望諸暨西望蕭山又皆賊逼當此之時固所謂危急存亡之秋非名世真才不可爲也十一年九月二十二日守江礮船自富陽載羣盜入蕭山之臨浦越三日遂陷蕭山時郡守之師在外則礮船四十內則郡守親軍五十沙勇五百謝敬之姚江勇稱黃頭者千此外則團練局之肉食諸公而已城門啟閉猶恆焉礮船則別具篷舟爲坐臥地藏女子武士有蓄髮長尺者不知其爲兵爲盜然可想矣又恃有郡守近郊肆掠二十六日作橫於北門遂激民怒集衆鬬殺數人因數十人太守出責民償者于是舉所斬長髮示之遂飽毒手都閫哈鏡清團練使王履謙馳救之始免而船人殲親軍沒矣城市鑒於礮船億盜賊溷跡屢肆夜燭搜匿徧衢巷既謁團練使請閉城詰奸誓衆共守比曉門猶洞開

于是民之有力而還徙未盡者類皆去二十七日諸暨陷有敗軍來次常禧門其將稱胡再生索糧於局亦不知其誰何夜城之西火光燭天達於曉二十九日四門猶啟長刻三賊入自西郭及大逵然爆竹數聲而城中賊本無算姚江勇與戰於局又戰入市又戰於五雲門內皆敗太守知不免死於署團練使王履謙山陰令莊鳳威會稽令邊厚慶及佐貳員弁在局之紳董皆棄城走都閫哈鏡清見虜於賊越數日而逃亦得脫自是以後金城十仞湯池百步為賊所據凡五十旬而始復然鄉閭之擾初不甚害者未始非棄城不守之故也賊入城姦殺燼市肆財物器用不取者毀之拆寺觀廬舍為偽宮徵工匠窮繪事搜篋笥實土以高城毀銅佛鍾磬之類作戎器呼官為妖構木架七級置門扇於上以為臺名

望妖賊數外與山上及近城皆有之自號天朝鑄太平天國錢不成其偽官自王以下有天將朝將主將其偽爵六等曰義曰安曰福曰燕曰豫曰侯其下又有尚書丞相司馬之屬不具舉其統吾越者為偽忠王李秀成其守之者始稱主將繼稱來王為優伶陸順德其下又有周文嘉姚克剛諸賊亦不具舉以朞為歲無節閏其教為耶穌有天父天兄之名七日一禮拜此則與荒外西方諸國相同所謂天主教是也脅民為盜有文者稱先生司筆札有膂力者入行伍幼而美者為龍陽君掠子女以為妻其不妻者妓畜之併處一宮為姊妹館諸家藏書置諸糞穢不知惜其細事不可殫述要其所為皆盜賊之無賴者也十月朔出掠於鄉名打先鋒會稽為甚山水皆至燬屋宇攘財賄無算刼子婦以千計其不及

者北則馬山以北南則攢宮以南若東關道墟平水諸村兵燹為重然五十里中死不過千人蘺舍則完好者衆惟近城二十里露積皆奪之此尤虐耳龕山鄉民糾千人逐賊入稽山賊皆遁競取財貨轉為敗直路以南于是燬狂童或揭於賊之門曰有〻妖於是又縱殺頒白積屍載塗城中耆舊略可盡矣賊掠鄉十日始歸城于是千邨萬落量力入貢賊乃出示安民令蓄髮設軍師旅帥司馬百長等偽官旅帥司五百家司馬百長屬之五旅屬一師五師屬一軍軍帥以上為監軍山陰一會稽一皆土著為之於是寡廉鮮恥之徒紛紛從賊童黼董謙儼然衣冠者一軍一師亦復為之不知讀聖賢書所學何事也鄉官居於鄉為賊設偽局稽戶口立門牌牌皆有費數十百金不等貧民不逮併責於富民有田者

令輸租畝入三分民家租額皆定於局有收者赴局買票畝數十百錢不等曩稱富人重為刻剝名大捐千金萬金亦不等不受者械繫之喪家僑寓之民砧斧尤亟商人藏鹽皆禁錮據為己有別立偽官曰鹽軍師帥董其事亦名鄉官凡賊所需鄉官率奔走恐後為賊壽鹿鶴皆生致以獻此非越產不知何自來也鄉官既得於賊趨鄉官者亦得於鄉官由是各報私讐橫行鄉曲衣錦粱肉同於素封飢寒苦況不復知矣然越州蹂躪較善於他郡者又未始非鄉官之力也抑亦土不甚瘠耳賊又於山水要隘設卡設營大小不一營或數千賊或數百賊卡數十賊如柯橋錢清江皋埠等皆為營東浦濠渚陡亹蟶浦東關馬山等皆為卡約而計之數不下五十名似守備其實皆歛財耳村民自遭焚掠桀黠頑蠢之

類又乘賊之後及亡人未歸之先竊其餘物有家徒壁立者蓋無以為生矣營卡既具肆無大小皆有賦商賈往來重其稅甚者併奪之居與為鄰禍尤烈焉賊旋奉偽令令各配偶於是私藏女子公為賊婦城中大姓李氏趙氏嚴氏皆以女妻賊貧而姿〻者輒慕效之其父兄儼為椒房親人側目矣賊初自蕭山來假為官軍故山陰道上不甚害十月杪孝廉楊鳳藻自龕山舉義討賊名白頭三戰皆捷至錢清而敗其衆旋潰於是怡峰陶里諸邨賊盡焚之而龕山亦畏之不敢至樗里王氏厥父為偽官厥子散家財募兵以抗賊卒亦敗蓋所謂相時而動量力而行者皆有未能也歲莫大雪匝五日平地及尋同治元年元旦始開霽天無纖雲晴日萬里望治者相賀然苦寒湖海皆沍舟楫俱廢負擔者履冰而行

貧無家者寄宿茆檐，僵且死以千計，是皆賊殺之也。賊稱秀才爲秀士，二月行科舉，舉秀士，令旅帥各貢三人，既而試，會之首題爲進貢基督盡弟道恭敬䰟哥永榮光，其荒謬類如此，而鄉官求典試且有以不得爲憾者。時諸暨包邨有包立身者，集衆擊賊，亦號白頭，巳隔歲歷三月，屢挫賊鋒，賊乃東調甯波，西調杭州，南調金華，集大隊與抗，所經平水、攢宮諸山，輒恣意殺掠，賊雖衆，與包戰皆敗，敗則走且火，故漓渚以南炊烟幾絶，棲鳧、盛塘亦不免，向無包生，詎有此乎？包生盛時，有異軍白頭起平水，合嵊之馬户單誅卞，屢戰皆捷，繼與馬氏忤而敗，衆皆逸，賊遂大山邨數十里皆爐，旋燬墳墓，改田疇，築壘而戍之，民重困矣。平水既動，龕山復起，既而不能勝，亦散伏。初楊氏之戰也，逐賊，望其壘，涉濠而迫之，足於機傷數十人後者不能救於是敗再舉亦如之五月大雨西江之塘壞湖水暴漲田禾皆淹僞官令有田者輸錢築脩之費不過五千緡而所歛過十倍時道途隔絕商賈不通米一斗值錢五百餓殍不知數是又賊殺之也賊又以包邨故來戰者相繼於道擾民居無休息包生親軍二千客師二萬餘有古塘陳朝雲者衆亦數千與爲犄角既而如嵊古塘滅賊以數十萬重圍包邨相持六月大小數十戰斬賊目千傷卒不勝計嗣以食盡潰圍去所遺老幼及避難相依者合萬人同時皆盡此豈其罪也哉向使春夏之交賊衆未集直擣郡城事且成矣豈不惜哉然浙江喪亂以後閩若豫尚能高枕者特恃此區區一旅爲之牽制不敢遠涉即觀察張景渠甯波之捷雖借力於英法而賊在當時實有不能兼顧之勢

不然亦無此易也功亦偉矣自秋徂冬觀察又假英法合官軍連復餘上虞收新嵊又敗賊於娥江東岍勢遂窮蝟於越先是諸暨頑民何文慶聚黨數千為賊攻取寧波及新嵊諸邑至是由海北敗入會稽所經嘯唫道墟東關倉塘所穴攢宮上竄雖不至靡有孑遺而百姓之東奔西走女哭男啼亦既不堪耳目是時賊防東軍為守城計出東門壞空室縱橫里許掘塚平之毀城中墓取其石並集淹柩以增城隍枯骨皆受禍焉十月以後有官軍布興有之艇勇張其光之廣濟勇屯曹娥東關黃頭屯譚郡英法言單稱綠頭紅頭花綠頭者俱未至仲冬十月八日黃頭渡江衝馬山卡旋歸二十日城中出賊千連營海塘重卡馬山北鄉頗若難居而竟無恙二十五日黃頭復渡江敗賊斬數百級遂次馬山襲賊稱

為打先鋒者奸民附之一絲一粟幾於盡取蓋不特雞犬之不安
也初黃頭名常勝軍統之者為餘姚練長員外郎謝敬約士卒頗
如法自餘復上英人誤師期敬敗歿於馬渚改黃頭為信義軍謝
國恩領之乃無令明日花綠頭進棟樹渡舍於螳浦掠如黃々頭又
明日舍孫鏊二十八日黎明抵城下其總兵法人為勒伯勒東與
觀察合統諸軍傍午攻城總兵自傷於礮遂退師嘉平二日遂隊
北渡賊乃出北門殺遺民爇舍宇又燬於西門頹垣壞屋一時蕩
然時觀察猶在譚邨北鄉強半薙髮大與賊忤自謂難攝奇險者
以此為最七日總兵法人德克碑與觀察復渡江而南大隊屯三
江前隊屯陡亹分隊屯馬山螳浦馬鞍又分艇勇屯童塔有荼火
之觀而殃民實甚中外軍合萬餘其營於民居責饋食儉者敗其

器槩所不免然知府王維圻之綠頭莊鳳威之勁義勇雖雜處故無害若花綠紅頭及黃頭亂房惟發藏簡異物用物細大不捐任負所勿勝奪民舟載以去不受者又脅之劫子女勒贖得金無算所信所宿壞亂尤劇惟焚殺鮮於盜爲勝若布氏儗勇故爲盜乃無論自是而賊所未及者官軍盡之矣越數日漸次附城圍五雲昌安迎恩三門月既望有賊二千自南來據濠渚似將爲援亦不動二十五日蕭山遺賊八百來守郡城遂分股出稽山自禹陵度香鑪峯合何文慶縱掠東路分官軍之勢薙髮者又蓄髮步屬高材捷足冇不免焉二年正月二日官軍始攻城築臺西北隅位礮而擊之急未克而外盜已由遠門山東堡西堡上竄下竄攢宮傖塘焚東關曹娥張其光以兵少不能勝布民軍與賊舊識貲以火

器而僞遁，于是道墟、顧渚、嘯唫，火光復接，積倉亦盡。童塔布氏分軍適奉檄自海來援，舍舟車助賊劫殺，乃烈炬横天，終夜不息。五日，賊又分走樊江，立營皋埠。明日，莊鳳威始赴陡亹請救於觀察假緑頭四牌合勁義勇三百、民兵數千，分二隊東西夾擊，一其壘。越二日，又敗之。賊乃遁。於是避難諸邨始得安堵而已，無堵之可安。賊既不得於東，旋遶山出山陰，自柯橋而壯，分擾柘林、山南、下方橋、楊家隆、馬鞍山及瀕海諸邨凡十餘日，晝則烟，夜則火，無一刻息。於是又分黄緑頭迭次攻戰，始得安靖。而官軍所餘賊又盡之矣。二十六日，有鄉民自城逸歸，黄頭獲之，始知賊出稽山向曉已盡。爰入城括遺物，饕而告於總鎮。於是統大隊入城，遂據以爲功。吾越合水陸凡十一門，官軍遮增而圍之所遺者，稽山耳，而賊去已久，竟無人知，使鄉民不見獲，不知其何時入也。又數日，始出西門進攻蕭山，而賊已併柯橋、錢清諸營次第遠飏，時諸暨亦退，吾越八邑告肅清焉。豈所謂神武不殺者乎。聖天子湛恩涵海，惠澤均天，特降詔書，脅從罔治，僞官無控訴者皆免，而官軍欲飽槖顧，假罪而傾其其家，然亦適足當之耳。得城後，法人索犒師白金二十萬，急不可得，賄通事萬金，始許十萬，而調停其間者，寔蝕二萬。於是取賊遺米粟、賊巢所藏器用玩好，使貪紳售而與之，不足，取房舍完美者，責其主出金以自贖，迹盈嘆疾矣。軍士又乘間竊取，莠民踵其後从刼，所遺戶牖既罄，賊遺婦女又刼於軍士，不納者貨之，其值以妍媸為斷，軍中谿壑庶幾其盈乎。二月既望，中外軍皆西，守城者不過數百，瓦礫骴骼埽蕩粗淨、庶民歸者漸夥、曩時列肆、亦將有千百之一二、蓋不勝彼都人士之慨也、吾越比年來人情日媮、相競鮮美、有過蘇杭、今已自隘、而復死於賊者、可十萬人、死於貧病者萬人、燬於火者亦萬家、所喪衣飾、合三邑、計以白金五千萬、猶未止、可謂大亂矣、然城中餘百數家、竟未動、郡墟亦有未至者、會之北鄉為尤善、此豈冥冥之中、有數存耶、抑偶然幸耶、官紳殉難者二人、其一廖宗元、其一道銜郎中何維俊、匹夫匹婦、有罵賊而死、不從而見殺者、以不甚悉故不載、此余見其亂、復睹其平、因即耳目所得、縱筆書之、雖有所遺、其略可見、後之覽者、得毋有廢書而三嘆者乎、

紹興縣志采訪稿

越州紀畧詞　計一張

題詞

滄桑閲盡人間世，碧血淋漓幾行字。干戈開出戰場文，風雨揮殘青史淚。潢池弄兵經十年，大江南北騰烽烟。鯨鼓朝喧浙江岸，羽書夜遞鏡湖船。當時新涖會稽守，練習水犀披甲胄。銅頭鐵額逞豪強，百姓畏兵如畏寇。治兵不善殃及民，治民不善殃及身。鄉愚一呼爭攘臂，何論搢笏與搢紳。譌言内訌外氛熾，鷸蚌轉爲漁子利。雷門一鼓聲不揚，歐冶之劍摧其芒。諸官星夜呼餘皇，太守死難王謝亡（團練使及常勝軍皆棄城走）。義兵東西亦繼起，一蹶不振奔踉蹌。從此紅巾滿東越，金湯陷作貔羆窟。咸陽三月鬱烟塵，長平十丈填骸骨。南金貢秦還取盈，西施入吳未行成。五雲城頭餓鴟叫，四郊白晝無人行。萬落千邨徧搜括，除陌算緡更貪猾。蔣民晝錦誇鄉

紹興縣志采訪稿

閭因首彭彭抹朱帕可憐兩載驚封豕江潮不雪會稽恥橫海將軍正誓師異軍蒼頭忽崛起暨陽一旅如神龍百戰百勝非人功十萬賊兵相枕藉旌旂天半神燈紅包生拒賊每假神道以制勝湘軍旋下錢塘渡賊兵首尾難回顧偏師雖敗豈無功李郭成名亦天數多事徵兵到鬼方翻教當道引豺狼殘黎尚竭壺漿費薄海重瞻日月光太卯先生本道廣淚灑新亭情挹快滄海揚塵兩眼空兵戈鑄字千秋響烏嘷月落秋鐙昏卷中依約鳴冤魂還我湖山八百里傳君文字五千言

同治癸亥仲冬之月　王繼香子獻初稿

書諸暨包生

會稽王繼香

赭寇起粵西，據金陵，弄兵首尾十二年，橫行海内，莫敢（或）當。迨曾公提湘軍克安慶，大舉東伐，遂分三路出師，左公規浙，李公趨滬，而曾九帥徑攻金陵，分道揚鑣，風馳電掃，東南肅清。朝廷行賞酧庸，豔嘖人口，而獨有匹夫仗義，盡瘁厥躬，有功而不居，轉叢怨謗者，其惟包生乎。包生者，諸暨包村一農夫也，名立身，性戇誠，多膂力，年二十餘，傭工灰灶以餋其父母。自遇斗子岩白鸒仙人授以兵法及擊刺之術，于是酧神酢鬼，言動詭異，村人咸呼為包凝。嘗勸村之富者曰：大亂將至，財非己有，盍散諸貧乏，或鳩資（禮）經懺以禳災。村人有遇祟致疾者，得其一言立解，其言未來事亦多中，由是咸敬呼為包仙。咸豐辛酉九月，越郡諸暨相繼淪遠近大家悉趨而求芘願受廛為氓村居成市屋價十倍比賊至色生未嘗設備但督人釀穰或煎楮為幟削竹為刀剪灵紙馬雜置蹊徑恢詭不可言狀然賊入村則陰霧迷路旋風走沙前後相恐倒戈蹂躪施放槍礮反風自擊輒環跽乞命色則揮衆砍劃賊亦俯首受戮或問賊何不遁則曰但見天兵天將在上手足皆縶神魂俱失耳故賊中設誓惟言調赴色村以其决無生還也色本不知書至是僑人鱗萃漸成幕府偶撰文檄及示諭但背誦一過色即通解且能抉其疵纇或竄易一二令人心折然其行兵調度非他人所能參謀即色亦不自知所以也自冬徂秋禽賊首數十百殺賊卒數百萬蓋賊自出粵以來長驅大進未有挫衄如此者也於時賊厚集精銳廣儲饟械聚數萬之衆萃于一隅相持數月築長

圍以重困之其同時義兵如陳朝雲馬輩軍勢漸殺衆請乘出勝出山包不听包村之背有山曰馬面本有土勇十餘人建旂守望一日包忽傳令撤去衆又力爭不得翊日果為賊所踞又數日賊剗斷山脉由是村中池塘渠井立時盡涸村中餉糈軍械錙重悉充牣有餘而惟水道梗絶渴不得飲人力難施乃至汲血為炊挹溷瀹茗役癘大作死亡相藉人稠地隘穢汚熏蒸衆心遂涣包亦自知事棘不可挽救乃挾其妹美英率數十人突重圍而出或云竄逸或云同殉不可知已村中彈雨飛林墟里灰燼已冥其無人而包故居數椽賊懼其設伏猶環放槍礮至數月之久而後敢入非其餘威尚足以寒賊胆者哉而中吳諸將御乘賊之專注于此得以從容制勝底定大勳不然恐亦未必若此其易易而江

西福建諸行省安得高枕無憂而免淪胥之患乎哉或曰邑村之難村以内死者以億計其外則周五六十里無人烟使無邑生何至于此或曰使邑生及時振旅而出賊必聞風遠避勢若破竹不難直擣金陵奈何失時昧勢自取覆亡又以阱人愚孰甚焉余謂不然天佑　聖清景運方長故特生邑生陽以折赭寇之鋭使不得逞亦陰以佐成中興諸將帥之功而越人及賊卒之罹於刦數者藉是以聚而殲焉故其興也勃然若神人其去也矯然若神龍天實為之非邑生所能自主也而世人不察每以成敗論人肆其訕謗豈不傎哉夫天生邑生使之撥亂反正既為天下之立功者勸又為天下之死節者訓且為天下之畏死而窃功者愧則如邑生者雖以神道設教未出於正不亦卓然人杰也哉

王氏文叢　雜錄

浙軍收復紹興府城

紹興被陷後道員張景渠統兵會同英國總兵呫樂德及權授江蘇副將達耳第福之軍進攻達爾第福以銳進陣亡正月十九二十等日景渠等與賊戰于下方橋安昌塘均獲勝逆衆節節敗退江蘇李巡撫以洋將德克統達耳第福之軍會同景渠等四面攻圍屢戰屢捷東路賊卡悉下並斷蕭山援賊城賊楊應柯約期內應二十五日三更城中火光四起逆首周姓潛逃次晨應柯開門迎降我軍一擁而進立將紹興府城收復

以上見平定粵匪紀畧卷十七

陸小雅公傳

公姓陸氏諱以鈞一諱釗字小雅號厚齋江蘇候補同知為雷軍门府器重襄理案牘盜匪肅清計功得奬保舉堪大用焉洎清咸豐季年洪楊兵擾我浙紹地被災尤重公以桑梓関懷回籍創辦鄉團冀獲安堵之常戰守籌策頗合權宜義民麕集抵禦於錢清鎮之壩橋晝夜相持格鬥數日殲斃數十人後因衆寡不敵力竭而潰初公之倡義也時有人力阻之者公曰国家存亡匹夫与責吾不欲鄉里蹂躪遂忍而為此態也時西地干戈近處幾無完土公匿跡夏履橋思圖再舉不料寇密遣人誘之回家竟得而甘心焉蓋去距寇之時僅二十有餘日耳寇執公至營百般脅降不屈遂遇屈焉其死情慘痛不堪言喻嗚呼悲已昔孔子所謂殺身成

仁者公其有焉公性好勝喜習拳勇平日仗義疏財有樂善好施之目年暮周恤族黨不遺餘力而公卒以義憤戕其身天道無知謂之何哉同治間有以公殉難事上聞者奉旨給廕世襲雲騎尉配孫氏秉性賢淑事舅姑以孝著不幸先公而歿副室王氏生一子諱溱即秋帆君也茹苦含辛撫孤成立副室錢氏教養遺孤愛如己出均能矢志青年柏舟勵節保存宗祧一線之延而美必合遇亦奇焉秋帆君以公故襲雲騎尉世職然不屑以殊途進身蠡城赴試時挑燈話舊覼縷一是泣數行下藹耳熟故能詳也去年秋公從弟鴻飛君創議纂訂譜牒囑藹任編輯事方懼不能報命而秋帆君哲嗣辰生復叙述公德委藹作傳以紀其畧藹本拙於文者也固辭不獲爰信筆直書俾綴簡端工拙在所不計焉

中華民国六年丁巳夏正四月　日

天樂鄉議事會議員庠生世愚侄葛毓蘭謹撰

見山陰梅湖陸氏宗譜卷二

紹興縣志采訪稿

打先鋒

山陰黃仁敬甫作（著有息影廬稿未刊）

旄星一墮城，城中踞封狐，妖氛即逮鄉，鄉井無完膚。西羊豕，東雞兒，女可辱，男可俘，花邊敲盡焚其廬。亦有浮家滿艙載，狹路逢之賊愈快。雨黑天昏慘不聞，珠殘玉碎何紛紛。母哭女兮婦哭壻，四野悲風雜鬼聲。氣聾鼓鼕鼕，旗一麾，鎗聲又入前村去。

小百姓

賊衆擄幼童蓄之，呼爲小百姓，誤聽作小把戲。

小百姓，誰非良家之子孫。秀枝混植榛莽根，鶵雛盡奉梟獍尊。金錢沙沙撲滿盆，茜綢爲繻羅作襦褌。乃兄乃父不知何處啼孤魂。吁嗟乎，爾本無知作狂逞，以殺爲樂成其性。蜀寇么鼓鎚，粵匪小百姓。明季流賊掠幼童，名曰么鼓鎚，竄蜀時此輩肆行戕殺，兇惡尤甚。今小百姓彷彿似之。

姊妹館

君不見宋綱壞北兵增曾立花兒寨又不見明運終流賊倮婦衝炮鋒何故女兒生此身多難日蹂躪千種花千花開一室妍媸分配勳庸賊棄之去洋軍得吁嗟乎鸞凰友怙恃恩館中姊妹哭不聞投環墮井何紛紛慽慽悲風歸斷魂

考秀士 賊舉行小試獲雋者名秀士舉於省會者名貢士

鼕鼕戰鼓文院開紅巾紮首宗師來贊美天兄作題旨肆毀我朝成秀才禮拜之期從出入銀牌掛膺求請謁我道喪心惟頑童誰識名流肯貶節誼忠誼孝黌宮前老而不死乃為賊天國大魁舍我其誰識時為俊傑得意真揚眉那管士林共一唾宣尼斧鉞不饒我

舊貨街

賊不來惟爾財賊既至惟爾累胠篋傾筐兩行淚吾財願獻吾命
留賊還捍目捏其頭囊括沿家既充物捆載出城來遍售盈壓無
隙地簇簇趨羶蟻珠玉等瓦鐺羅紈同敝屣乎且食千文肉毋市
百錢衣賊言且如此警汝汝不知嗚呼賊言警汝汝不知買去依
然充盜貲

包村戰

不信神仙能造刦一樓雰霧一身雪賊來高坐念何辭手挺蠻刀
倏飛出賊衆遇之竄且殭一一砍剁如割羊來者愈多意愈快血
流直溷溪流長共懾神威戰慄慄乘勢何難擣狐穴胡爲搖手時
未來雲屯蟻集徒喧豗坐使掘泉泉路涸逼梯重圍如繭縛半夜
驚轟出地雷三山飛失艸天鵝刦灰陣陣荒崖愁至今陰雨啼髑

髏不辨賊骸與民骨十餘萬人同一邱

包立生本包村農家子頎長多力忽行踪詭秘自言入巖洞浮異人術奉命當誅戮長毛糾村氓依山作卡集稻桶為營壘有陳肇雲以為犄角立生常坐一小樓輒見雲霧迷漫衣白衣大袖人多以鶴比之且呼之曰包神仙賊來攻時率衆截殺無不披靡賊復四路調集頭領之驍健者又輒傷斃死者以鉅萬計偽來王恩其攻城兇兇洶洶欲遁而無如其終不出也相持半年餘挈眷相依者踵相接大小包村幾無容足之地爰蒸疫盛死者相枕藉而賊衆益集圍益緊斷其水道衆志惶惶至中元忽發令曰明日可出矣詎知是夕賊從地道轟砲上擊山寨立破齔齔靡遺有千餘人從立生突圍殺出存者無幾立生不知所往有一妹頗勇健或見其紅衣小袄握刀鬬死巖下嗚呼立生事雖無成而以一小山莊能堅拒劉賊迭殲巨魁使兇鋒為之頓挫亦一奇人也哉但不識何以困守待斃使四處投入者同歸一刦天意茫茫不可得而問也

以上見息影樓詠鈔賸餘吟卷四

魯叔容虎口日記序

自盜賊橫行殺掠城邑而文弱之士有陷身賊中而能自脫於難者謂之天佑豈不信哉顧遠者不具論余觀虎口餘生揚州十日諸記及近人所載兵革苦況又竊怪彼蒼默佑何不俾之不罹於難之（而必難）而後出之耶是豈叔容魯君所云服食踰分陷之以戒宴安與咸豐辛酉賊竄越州叔容在城中歷三月比脫與余相見出虎口日記示余余訝其升屋而避入篁而伏匿大樹之下藏古牆之陰急迫在中既恨翳形之無草矣而又見虜者再欲殺者三餓且病者屢昕暮奔竄辛苦萬狀乃復從容握管紀日成書八旬之閒積為一帙抑何暇也編中載賊凶事不失纖毫如溫嶠然犀張華燭表若狐若鬼畢顯厥形俾播諸鄉閭傳諸後嗣咸知盜

賊殘酷有如此者此檮杌之書烏可已也然則所謂服食踰分臨之以戒宴安者亦叔容懲艾之辞非篤論矣是直欲以委曲之筆寫虎狼之形顯抉其心大彰厥罪故置諸兵火遁之又久而後出之耳天其佑之耶其以鈇鉞之嚴誅賊於無形也又豈特窮巷相逢殺賊以挺為叔容有功哉余讀既竟遂不禁慨然而書弁其首

同治壬戌四月同里陳元瑜瑾侯甫拜序　以上見虎口日記

虎口日記

於越遯安子述

咸豐十一年辛酉九月二十九日甲寅辰時赭賊襲紹興府城昭大風雨先是總兵饒廷選督兵潰諸暨令許瑶光偽逸賊乘間直撲暨邑事已岌岌官與紳尚各執己見不脩武備余心竊憂之是日黎明遣僕出城買舟擬赴鄉寓慰老母心不意賊奪西門入守城兵勇捍衛團練大臣王副都履謙及諸當道盡出五雲門棄城東遁任賊欵段而入余聞警即亟吴山板橋遇鄰友孫康海肇圻方以人言洶洶正共相疑訝間俄見披髮跣足者麇亟問之喘急莫知所對亟往觀音橋李氏外舅家上下男女尚二十餘人不及出城遂各相對張皇面無人色徒喚奈何而已急折亟觀音衖擬赴南街地僻可暫避行不數武猝遇二賊紅巾窄袖左手執大旗

紹興縣志采訪稿

右手持短刀余不及遁被搜佩帶銀物復挾以同行至朝東廟前有貿然來者賊舉刀索金銀余乘間逸去匿伏唐家衕叢塚間大雨如注衣履濡濕得隅牆張姓木匠梯至其家匿叢竹中閉目息喘惟聞礟聲刀聲追呼声馬嘶声破壁声撞门声豕嗥鷄噪声男婦哀乞声孩穉哭泣声悚耳懾魄幾不知此身尚在人世傍晚漸静踰垣至王離堂家詢知數賊毀門入攫去鷄鴨及衣裘數領而已餘不顧去且言翌日大隊來宜深匿毋攖其鋒蓋賊之有人心者余囑離堂心誌之乞火即別冉賣柴者阿有回余家見大門毀重门無恙乃燃燭啟鑰入約畧收藏復帶貲斧鍵戶出籠燭迤邐東行途中洞胸折脛身首異處者相枕籍行過皇封衕欻有人圍伏墻隅燭之乃老友王芳洲偕其姪秀章也遂約同縋城出適其

咸開門挽留不果余乃行出街聞鼓柝聲迫甚遂滅燭至東郭沈氏外舅家外舅已攜孫出城惟簉室魏與一婢在焉相對飲泣無可為計是晚與阿有宿徐氏菘園三十日乙卯雨冉阿有避菘園破壁中腹枵甚飢腸轆轆作聲賊搜索數四積塵迷目得免夜靜赴外舅家索食時比隣男婦競傳東郭門徹夜洞開均欲出城結伴十餘人乘夜冒雨行過太陽橋為守城賊橫截無一免者悉驅入卡反縛余手腰纏均搜去一賊鼠頭鷹眼狀甚凶顧余曰爾非若輩中人實言無隱余以讀書對不信語他賊曰是妖也殺之俄兩持刀賊驅余出門外復一賊趨出謂余曰妖者官也汝官乎余曰所謂官者偵探紛沓知汝輩到不死者已飄然走矣我非官可以不死聞城仍閉故欲偕衆出城耳賊笑謂持刀者曰非妖也解

其縛留為我監縫衣者乃呼余坐室中初賊得余時聞外父筐匿室魏哭罵室中復聞剨剨數十擊即寂無聲殆不辱死矣時同虜各眷不知所在余亦賣薪阿有坐對不通一語賊以積薪堆城堞焚作燎望又叱羣賊守城擊鼓支更毋得稍懈乃紛紛返指東一室呼余寢室中樓牀二余亦一賊卧東牀對牀阿有及一新虜者亦一賊同卧余襪履透濕因脱去之方就寢一賊以繩木縛余手及足且以辮繫牀下阿有輩亦如之縛竟即去旋聞婦女哭泣聲羣賊嬉笑聲良久始靜惟聞鼾聲如雷余忽心動睨視重門洞開遂以兩手交揉縛忽緩以一手出解足縛亦解乃解辮聽同卧賊仍熟睡對牀睡亦酣乃攜賊之蒲鞋蛇行出兩重門潛遁至延慶寺前驚魂未定陡遇一賊持炬迎面來猝為所睹急避路旁小屋屋

僅二楹後臨河無匿處因念若再被擄死矣與鬬又無膂力奈何轉念等死耳不若且鬬門旁得木梃執以俟賊賊果昂然亦操楚音曰妖魔怪馬往俟近奮擊之賊噭呼仆地復擊之死矣棄梃逸蒲鞋已失又微雨跣足狂奔一步一跌復至菘園處非善地踰垣至李姓家亦無匿處乃由小衕至王定肅公祠後東方既白矣遇醫者王榮生亦倀倀無所之余擬匿種菜者家又不見容不得已奔後衕橋南岸人家後樓窗外暫避十月初一日丙辰大雨竟日匿後樓窗外藉柚樹障身雨大如傾衣盡濕餓啖中燒摘柚一枚以療飢渴四處火光相映如霞電熚烞之声轟耳不絶愴呼乱起哀鳴動地真絶無僅有之慘變也挨至黄昏始冒雨至妙佳橋見腰檥店燈光隱約门闭不敢遽擊隔墻輕呼道姓名始啓门留宿

紹興縣志采訪稿

馬生人惠冷酒一甑爛豆盈掘有真味在飢者甘食信然

初二日丁巳雨黎明回家欲易棉衣為禦寒計入室什物星散滿地急檢舊衣數領至鄰友王子堅家暫避其妻餉余麥飯始得一飽真此生之漂母也是日避於破屋牀頂

初三日戊午雨苦牀頂低甚去屋瓦僅尺許跼蹐不能轉側乃避於承塵上架朽欲傾下積殘破木器蛛網塵封賊皆望然去

初四日己未雨匿承塵上賊以長矛搠者再又翻屋瓦下窺幸不得見非神靈呵護能倖免乎午有投水者蓋狀元衙童氏婦余舊隣也被賊擄至妙佳橋遂投水賊委之不顧他賊救出挾之去不知所往此婦貞烈雖被拯必不受辱俟後訪確當記之備採訪焉

婦為吾宗女賊平後晤其夫知果殉節因為請 旌焉

初五日庚申立冬晴匿承塵上賊用長矛亦刺心悸肌慄幾為所覺薄暮渴甚覓飲倏遇三賊走入坌息急奔始得免險哉賊連日挨戶窮搜亂草叢棘中亦用矛數捌乃已遇之必曰筭花邊求人取腰纏奉之意滿乃釋遇他賊亦脅取如前所獻不多輒砍一二刀物盡則殺故僵仆路旁者傷痕遍體此屢砍使然非一賊所殺也自分久匿城中必無生理是晚回筆檢筆硯作遺囑又得時憲書遂為日記之始

初六日辛酉晴居承塵上甚恐升屋以避向北瞻望聊当陟屺薄暮聞王子堅妻語賊嗜殺有剖腹而實以草者何殘忍至此就卧時一枕淒涼夜不成寐

初七日壬戌晴匿屋上賊擄船入城載婦女輜重泊门外語聲嘈

雜使我心悸

初八日癸亥雨匿承塵上數賊在下窮搜細掠半日始去晚間滿城鼓柝聲不絶傳聞僞忠王以二十萬衆往破杭州

初九日甲子陰避屋上晡時賊於前街焚化積尸煙結如霧腥風刺鼻胃翻欲嘔抵暮回家見衣物狼籍無容足處惟燕喜軒藏書完整如故

初十日乙丑陰避屋上望雲心切有淚沾衣午後二賊沿牆刈草余蜷伏瓦上賊去始起坐

十一日丙寅晴避屋上聞賊挨戶取鐵鍋碎之釘圓木上蓋作滚木爲守城具也知賊無去志悶甚夜夢兩亡婦姍姍來嫡婦李謂余曰君此厄亦良苦然猶未也繼妻趙曰有命在天賊何能爲幸

弗戚戚致傷抱懷抱余亦忘其已死正欲詰問為比隣哭聲驚寤夢幻境也未可信姑誌之以俟驗

十二日丁卯晴暖晨起登屋傳聞賊開西門放行余易服為乞丐狀滌骸作瘡趦趄往西郭見婦女蜂擁出余及六七叟為守門賊所阻怏怏回舊路過西郭北岸見數西洋人縱馬馳驟觀者如堵與賊交歡天心殆未厭亂歟復有大隊賊進城旗幟炫耀刀鎗林密賊目黑面長身年約三旬許跨駿馬戴紅抹額披黃氅趿朱履底厚幾二寸賊婦乘綵輿亦有騎馬者羣賊擔囊持械隨之絡繹不絕丐聖路橋遇數小賊拉丐賊巢指余面塗煤汗流肌露非真丐也一賊頷余叱小賊多事麾余去過小院見縫衣婦皆郡人豔粧濃抹言笑自如亦窺余目灼灼有似曾相識者乃掩面趨出仍

回抄佳桥匿陳姓屋上

十三日戊辰陰避承塵上晚晤王秬香言曡受重傷妻孥失散為惻然久之飯後陳歸為余言賊有令藏男子者火其居恐甚有促余他避意

十四日己巳陰仍匿屋瓦上賊擄掠愈甚結隊窮搜承塵亦被毀余不自安遂乘夜辭去月色慘淡過若耶溪忽聞呼余聲凝視非素識問之乃余鄰王三也王業磨翦鬻受怨家誣被收其歸乞余雪余為白其冤乃釋踵门謝未之見也慰問殷殷止宿其家具盤飧焉

十五日庚午晴雨王三籌匿身處思余家壽萱堂屋上天溝西南倚高牆東北連屋脊中凹可容三四人黎明倚梯以登令藏梯於

牆外賊日十餘至，至必四五人，顛倒篋笥，余以耳代目，如洞見焉。

晚宿王秬香家。

十六日辛未，晴。王三攜張氏子亦嘱同避屋上。月起，過燕喜軒，見盆卉摧折靡遺，沿砌秋色仍復幽豔，傲霜殘菊欹斜籬側，值此刦灰滿地，得瘦比黃花之主人，幸瞻舊植，花若有靈，應亦淚數行下也。夜尚王秬香同宿王三家，賊椒巡嚴甚，徹宵鼓柝聲不絕。

十七日壬申，晴。王三得醇醪一甕，色香俱美，沁人心脾，殆二十年前舊醖也，恨不如中山千日酒耳。乘夜月至狀元衙口，貧居十餘家，平日嘗感余惠，咸來問訊，并訴擄掠之苦，藜藿食爭相餉焉。復購米及豆，嘱王三藏之。遂前行至觀音橋，遇李氏兩內嫂，言家為賊踞，奴僕星散，多被虜去者，相對為之淒然。

十八日癸酉晴偶檢漢魏叢書聊遣愁悶下屋後晤鄰友余晉軒見其心神恍惚手足受重傷為之惻然初暨陽不守余以大乱居鄉之說規之促其寄頓眷屬莫之聽也今并妻子陷危城中尚以孟子降大任數語自解愚人之愚令人齒冷問其飢曰不食數日矣返使王三以升米壺酒餉之

十九日甲戌晴晚丞抄佳杨王子堅妻贈以醃肉如獲珍饈感銘肺腑以其半貽余晉軒

二十日乙亥小雪晴以手爐蓄火煨飯差勝冷食晚過朝東廟塑像俱撲聞孔廟亦毀賊教祀天主不立廟憶友人嘗言賊所撰曰聖書稱孔子為不通秀才論語一書無可取者惟四海之内皆兄弟句頗合天父之意得封監軍旋陞總制当時以為笑談今信然

矣便道訪余晋軒以麯麥貽之

二十一日丙子晴聞有屠城之説乃嘱王三亦升屋同避託比隣毆叟藏梯城中四處火起光如電灼声若山崩風勢怒號日色慘淡疑賊有去志焉晚與王秤香同宿烈燄猶徹天轉輾不能成寐

二十二日丁丑晴冷聞賊殘殺惴甚目不能交睫夜半即升屋避日中比鄰殺人聞乞命者遍遠近刀声割然悚耳惕心夜静援梯不來與王三縋張七下屋取梯尸横满地毆叟死焉此老愚難相恤藏梯執炊閑切獨厚倏喪賊手爲之悽然因嘱王三襆被屋上宿防夜驚也

二十三日戊寅昧黎明升屋擁衾四望餘燼猶炎炎作勢也午前搜物賊來王三張七尚睡熟促起屏息俟之他賊又續至鎮日沸

騰不堪其擾晚訪余晉軒探知新到賊愈多似無去志城中男女老幼遇輒殺之其意恐作内應耳竊歎籌防諸公皆飄然遠舉内外絶援恢復無日奈何夜囑王三等繫梯屋上俾升降較便焉

二十四日己卯晴霜重寒甚日中由瓦隙見賊督擔負者頸繫長索纍纍相屬中雜花面數人聞係因逃刺字者夜以樓棚鋪瓦上卧始安帖

二十五日庚辰濃霜日中數賊到燕喜軒掠去琴硯圖書之屬皆平昔所珍藏者軒有粉定瓷瓶一質白無纖瑕製式尤古亟甚爲賊碎殊堪惋惜晚囑王三等以布衾裹歐叟屍葬唐家衖義園

二十六日辛巳霜晚見老嫗血濺兩耳問之因念阿彌陀佛被賊割去并聞有挖目割舌劓鼻者就卧時南北火光燭天東南有礮

聲衾寒似鐵僵卧不成寐

二十七日壬午霜俞二王三赴酒家取酒二甕以一貽余晉軒王三又拾利刃棄不敢留俞索以自佩明知力不敵賊安用此為設猝然相遇較束手待禽者為稍甘心耳有馮氏婦者爲賊瞎為余言賊重讀書人稱先生有加禮君願往請爲圖之余婉言卻諉蓋賊犬羊成性圖苟安適貽祖父羞終且為戮自問平生無大罪惡惟服食起居多踰分或天降之罰爲燕安者戒歟由是志益堅過馬梧橋見僞檄知義民屢殺賊賊怒甚故欲屠城又聞陷城中者遍貼檄文列欵罵賊致男婦老幼死於賊者不可紀極四望寒煙衰草骨血腥漬髑髏叫月斷骨零星雖曰劫運亦可見賊之殘酷矣

二十八日癸未黎明大雨衣衾透濕晡時微雨賊接踵至閙淘井声物沈於井者悉淘去笑語喧呼多豫楚音只層瓦之隔令人不堪驚擾

二十九日甲申天寒賊搜掠無時殊亂人意迴憶違侍老母已匝月矣服食起居縈繞方寸即使鄉寓未遭賊擾而余身陷危城致貽親憂罪莫大焉且一门細弱家室誰支悵望白雲泫然淚下晚至觀音橋外舅家破瓦殘垣淒涼滿目復往余晉軒處小坐贈以飯一盂乃歸

十一月初一日乙酉晤憶昨見外舅家门首貼黃紙朱書忠殿王相步天燕隊內丞相喻統下左壹經理劉銜頭銜新奇殊堪捧腹聞偽天王已封百餘王王所轄之官有天將朝將主將其偽爵有

義安福燕預侯凡六等王所居曰殿義曰閣安福燕預侯均稱第餘如丞相將軍等職最卑其下又有經理承宣等名目所居稱衙僞王以下通稱大人王之婦曰王母亦呼王娘義以下六等稱端人餘呼真人王各有四相有六部尚書且自千歲起可封至九千歲時僞忠王已封六千歲矣賊以三百六十六日爲一歲歲十二月餘六日則以三十一日爲一月以次相間其教爲耶穌有天父天兄之名七日一禮拜呼官爲妖出掠於鄉名打先鋒此馮氏歸聞諸各賊者因得悉大畧如此晚貽余晉軒飯復往小梅見李内嫂知日間閙五雲門四内嫂隨衆出惜不及以書報老母惆悵久之

初二日丙戌晴天寒晡時火北起黄昏未熄下屋即到州佳梅買

紹興縣志采訪稿

穀藏衣篋中置屋上足一月糧復往陳牲晤王子堅妻等均擬出城因以家書託寄旋訪余晉軒亦願偕往苦傷重不良於行余又恐守門賊阻蹈西郭前轍也徘徊中夜反側不寐

初三日丁亥霜重天愈寒續寫遺囑述未了事墨痕淚痕模糊滿紙晚赴小揚李內嫂以鄰人星散欲另覓所乃促其乘夜徙王三家比歸升屋已月落參橫矣

初四日戊子霜日中暖甚晚赴妙佳橋程太元米店聞其藏米數石以居奇也平時受余惠意必得厚貺乃力索得米三升醃菜一束人之無良如此余以醃菜及米半貽余晉軒餘貽李內嫂

初五日己丑黎明陰且寒晡時晴暖蠅蚊成陣晚聞蟋蟀聲天時之變如此余晉軒夫婦欲出城因傳聞沿街貼偽檄放行也余以

老母倚閭懸望消息難通且上下十餘口姻婭之相依者又數家婭輩幼未成立力難支持悔不先期出城以致心懸兩地種種轇轕心如焚膏決意冒險同出惟余與晉軒年俱壯且不類貧家子晉軒又攜少婦途懼多阻擬一觀僞檄行至東雙橋見二巡柝賊圍火坐遂不敢前方回步見騎馬賊亦籠燭擁護乃匿破屋中窺之只七八賊無持械者探之鄰婦謂賊曰由僞主將處聽令還者且言每夜必往往必傳一口令其機密類若此

初六日庚寅大雪節晴天未曉聞鎗礮聲遂擁衾坐以濁醪澆磈磊日昳閱殘書數帙正凝想間忽有數賊立南首王姓樓窗外舉手遥指似爲所睹者余與王三張七魂飛氣索偃卧不敢動惴惴者半日細思王氏樓相去數百武非凝神以覘不能了了賊殆别

有所睹耳夜赴馮氏婦家以金易米三斗白豆二升分貽李内嫂

余晉軒王三

初七日辛卯陰晚過余宅小坐晉軒婦煮麵麥以餉幼穉繞膝啼飢余不忍食却之信步出慶延巷口左右頋均有燭光閃爍急匿破屋伏而闚之兩路各五六賊似皆驚皇大聲作隱語始相頋失笑分路而去蓋賊畏死甚於人夜出必结隊燃炬行且有口號防義民作難也城破時見衆持梃聚立即詭言若遽釋梃當貸若死不醳則亦不敢近必賊多於衆乃敢肆殺焉

初八日壬辰隅中大雨黄昏微霽晚晤唐家衖居人詢及王離堂罵賊死妾㫄孫亦被戕其孫纔八九齡耳賊胡殘忍至此且死於乃祖懷抱中噫慘矣并聞孫康海至東郭文昌閣畔投水死其媳

寶香亦死於難黃北梓陳鏡湖吳古廉何小颿陶元生吾宗燮元芷仙俱不屈死竊歎吾越縉紳夙負重望高論氣節豐議流俗意其臨難不知若何激烈詎聞寇警飄然遠舉甚且械繫入城長跪乞哀言者確有姓氏姑諱之倖全就木偷生爲節義士夫之辱不意視死如歸乃在循分之士庶守禮之子衿也哀哉

初九日癸巳自平旦至晡时大雨不止黄昏稍霽屋下似有一賊躡足窺余者輒爲驚絶晚晤余晉軒知其爲癡姬南渠也嘆爲艸木皆兵

初十日甲午宿雨初晴木葉脱盡晨興極目凝眺大善塔已被賊焚秃如春筍望海亭則架木作臺高出雲表旗幟層布人影憧憧晨昏放巨礮蓋壯声勢也入夜寒甚過金斗橋陰霾迷路燐火散

星神為之悚

十一日乙未陰傳語偽忠王蹔破城賊目以所虜婦女給配城中時聞簫鼓声賊於城陷時掠少艾置一院監守之名曰姊妹館數館計婦女數千賊有功者輒令自擇中多名门巨族女忍辱不死堪為太息是晚沈鈺堂之母為余言賊信任鈺堂聽其出入昨亦知余尚歷危城為畫策能以金賂賊給護牌得出余懼勒贖是賊故智墮其術中仍無濟且藏金又被賊盡所餘不敷贖命而已白雲親舍瞻望涕零不寐竟夕

十二日丙申平明大雨日中始止陰雲密布氣象愁慘晚而李内嫂談及是日為外母百期俗云樂死不如苦生若外母者富貴考終不絰喪亂死亦未始非福惟憶甥館十年情深半子悼死嗟生

倍增淒惻復訪余晉軒為出城計因里人傳呼有令開城放行等語然懼賊意叵測不果

十三日丁酉陰晡時小憩忽友人婦朱繞室迭呼余意得出城機會也細聽雜男子声皆非鄉語心疑不敢應晚詢之知其夫被虜賊尚需善書者故招余耳婦人之居心行事有出乎情理外者可畏可笑

十四日戊戌平旦雨隅中晴牆角臘梅初放濃馥沁鼻暖日晴烘手倦抛書幾忘身在虎口

十五日己亥薄暮大雨夜檢家中殘毀笥中猶得魚翅數片佐此珍品雜蟹尤宜用供盛筵昔為時尚今惟生吞活剝聊充飢腸而已物之遭際人之遭際也噫

紹興縣志採訪稿

十六日庚子大雨如注席不能蔽自髮至踵濕如新浴下梯後以火燎衣寒甚慮致疾飲熱酒宿余氏艸屋

十七日辛丑大雨終日伏積艸中霉腐熏人殊不可耐晚余晋軒婦云其夫於此被捉慮非善地乃改卧竈傍

十八日壬寅雨如傾匿余氏竈傍賊屐声橐橐皆過門不入晚移宿王三家食芥煮魚翅甚美

十九日癸卯黎明有賊意梯屋避被褥透濕不堪坐卧自己亥黄昏至壬寅夜半凡三晝夜大雨竟無止時煩鬱殊甚今復陰〻愈增愁思余南渠死於賊夜助其家殮尸草草蓋棺得免暴露若余者骨月遠隔存没莫知誰收吾骨思之愀然飯後仍屋上宿

二十日甲辰陰冷傍晚大雨至夜半止下屋時濕透裡衣矣李氏

僕婦以薺菜煮魚翅用佐醇醪如飽仙廚夜宿王三家就臥時雨聲猶未歇也百感縈心中夜起坐

二十一日乙巳冬至黎明陰雲密布午間則杲杲出日焉日雖短覺長此後五紋添綫愈覺九折迴腸矣憶去年今日佳節承歡祝嘏稱觴其樂何極不料命宮磨蝎致離膝下撫今追昔涕淚沾襟晚間余晉軒妻欲偕鄰婦出城託其寄家書復至朝東廟前見貼有門牌禁止滋擾詢之蓋從賊目偽朝將周文嘉處購買者賊搜掠如故殊堪痛恨城外消息隔絕無從探詢悶絕升屋時霜重月高淒涼尤甚

二十二日丙午晴濃霜昨晚聞沈鈺堂母云賊目有偽示不准搜虜不意更甚於前甚至拆牆掘地無物不毀余家木器搬運殆盡

晚知以箱櫃攔柂上及巷口以斷小路豈尚有所防歟殊不解晤余晉軒妻云余眷屬所居北鄉一帶不遭焚掠寸心稍慰

二十三日丁未陰雨溟濛自朝至夕賊擄刼如故晚赴余宅知晉軒在賊處無恙且可時一臨存惟每行必有賊偕其歸仍未出城乃貽飯一盂并留一紙書商出城計也

二十四日戊申晴擄掠声稍靜傳語賊拜天主日期晚王三獲鴿二囑僕婦烹以佐酒

二十五日己酉晴微霜西南有礮声訛傳官兵攻城為賊所敗碓訪無其事

二十六日庚戌雨薄暮大風晴聞賊攻杭失利逃回者甚衆故礮声不絕且云守城賊有張皇意

二十七日辛亥清晨微雪晡時晴枯坐心戚見六雁翺翔雲際冥飛何慕鳥殊勝人惜不能爲我寄書以慰母心徒增忉怛耳晚赴余沈兩處詢探城外消息寂然

二十八日壬子晴冷有冰晚接余晋軒書云賊攻杭州敗僞忠王李秀成守錢江僞主將陸順得守蕭邑柯橋錢清築土城陸壘亦設賊卡已派兩邑庫吏潘光瀾朱克正爲監軍文信往來日絡繹頗可寄信云云或勸余作札求援惟余與若輩向同冰炭何濟焉

二十九日癸丑濃霜堅冰晚以布被麥飯遺余晋軒妻受晋軒之託也

十二月初一日甲寅晴暖屈計城陷兩閲月矣虎口餘生差幸無恙惟苦出城無期仍命懸賊手殊惴惴耳張望白雲思親淚落几

坐者終日

初二日乙卯晴睡醒寒甚罈上濃霜厚幾及寸洵平生所未見高處不勝寒知不獨瓊樓玉宇爲然也僵卧至午始起坐

初三日丙辰晴濃霜如雪夜過余晋軒家見其妻子飦粥不給爲之惻然又赴王宅秬香傷重死矣延喘兩月仍不免尸骸暴露無力爲掩埋徒呼負負

初四日丁巳晴濃霜積冰水中日午數賊來拆門窗負以趋者皆新擄里人行稍後鞭撻隨之呵叱連声令人髮指薄暮見群鷹迴翔天半意態安閒盤旋雷門一帶相傳城中卧龍山有王氣每日晡鷹集其地迴環往復始各歸巢城陷後改翔城外若高飛遠害者我愧此禽矣夜以穀貽余晋軒家

初五日戊午陰微雪〻氣凝冱手足皆僵晚見李內嫂母子均受重傷其母年七十餘矣小賊索銀大肆敲朴前贈皮衣襖〻亦剝去食物均被擄余所避之區下梯時又為惡隣窺見種種拂亂愈增愁苦是夜偕王三張七宿余氏花園屋上

初六日己未小寒陰所避處甚隱惜下上須越屋脊不及余家捷便晡時隱隱聞乞命声不意索銀賊又來僕婦復遭箠楚似有指使者遂乘夜以內嫂等移居西隅破屋

初七日庚申晴天寒新避處狹甚不能容三人囑王三張七仍避余家屋上余獨匿且可就食李氏聞省垣已陷唇亡齒〻果如所料紹城克復愈無期矣

初八日辛酉晴朔風凜冽凍指裂膚晚赴水神廟前探知賊巢日

演劇并派巡柝禁各賊夜行餘賊晝夜聚賭負則窮極搜括男子無論老弱廢疾犯之輒索金金盡仍擊殺婦女雖得免亦多受傷爲賊縫級得酬米他賊亦仍攫去每製衣必其賊坐守製竣始去防他賊攜也其無統率如此

初九日壬戌晴天寒困危城中忽忽七十日矣死生未卜重貽親憂令人嗒焉若喪入夜月明霜重啜苦茗以聊消永夜

初十日癸亥濃霜寒甚月來風餐露宿雨打霜欺面目黧黑顧影自嫌幾疑非復故我人生到此能不黯然夜至朝東廟前王嫗家晤縣吏胡姓自城外僞局來詢知賊已安民設鄉官二百餘處司辦糧餉等事充鄉官多市井無賴間有衣冠中爲賊脅者雖免擄刦仍肆苛派世界至此愈覺心如死灰矣

十一日甲子晴大風冷甚昨詢胡吏云越中官弁廖太守巳於城陷前傷重身殉死難者惟會稽少尉包君一人而已君名楨字仲瑜京江望族與余有通家誼貌魁梧性倜儻善飲數斗不亂憶夏間支六辰封翁作消夏會把酒談心日夕過從曾幾何時六辰諸君聞警星散仲瑜慷慨捐軀竟以身殉余則生死未可知北風凜冽吹換滄桑令人不堪回首吾郡守土之吏平日政苛於虎不以百姓爲心惟知奔走聽命而所謂奉簡書而治兵者則又虛擁纛牙遺羞巾幗一旦賊薄城下手足無措相與抱頭鼠竄棄城如敝屣不意成仁取義誓死不移者乃在一介微員噫亦可悲矣然仲瑜攖白刃而不悔垂青史以如生寧玉碎弗瓦全以視苟且偷生靦然民上者奚啻霄壤余爲仲瑜悲余又爲仲瑜幸矣

十二日乙丑晴日中見屋角老梅南枝破萼吐香襲人時有小鳥啾啁其上昔人句云鶯花不管興亡事裝點春光似昔年觸景興懷今古同慨

十三日丙寅陰晚聞偽鄉官醵金納貢絡繹入城城中被困男婦多有招尋得出者余惟聽天而已沈鈺堂母貽鮮蝦一撮蓋為賊製衣託自城外購來者夜半馬梧桐火

十四日丁卯晴馬梧桐火隅中始熄慶延巷又被燒賊日日禁放火燒者如舊其不能約束可知王三已為胡吏荷擔出城余苦無厚賄慮有他變惟囑寄書鄉寓設法救援而已此君同罹危城相依為命今又失指臂矣奈何

十五日戊辰晡時微雨不止晨起聞賊演放大礮及排鎗因記籌

餉局存火藥萬餘觔未經外運且城陷前一日外邑解到餉銀若干又有陳洪順者目擊時艱仗義傾囊以錢一千貫納局備守城資局中亦有存蓄只一宿之隔全化烏有藉寇兵而齎盜糧是誰之咎歟竭脂膏以供侵蝕者十餘年仍將一郡八邑輕輕斷送無名子撰聯云籌餉餉籌籌餉局育嬰嬰育育嬰堂洵天然對偶也

十六日己巳大雨淋漓晡時晴晚赴王嫗家遇方姓亦自僞鄉官局中來者云賊擄陡亹者再陡鎮地接寺東鄉寓必遭蹂躪幸所居瀕海海沙平衍數百里茅舍疏落賊未必垂涎或能倖免由王家埭越海塘僅十餘里耳憶到鄉時曾為眷屬詳言退步當不致茫茫無所向也且聞王家埭毗連數村賊蹤未到愁懷稍慰

十七日庚午陰晡時微雨即止晚過余宅值晋軒妻為賊拉去縫

级遺二子在家憫茲煢獨不禁淒然

十八日辛未陰天寒晡時以杯酒自遣千愁萬慮觸緒紛來北望涕零了無生趣若非老母年高長兄遠宦定當甘心逆賊以洩孤憤斷不鬱鬱久居此如幕燕釜魚苟全性命以冀倖於萬一也夜聞滿城鎗礮声寢不成寐

十九日壬申晴天方曙李氏僕婦掘苦菜遇舊任阿發持賊令旗來蓋僚壻章敬夫託偽恩監軍亦援內嫂者呼余下座遂袖日記同行由清道橋過軒亭口清風里一望瓦礫幾於迷路至水澄巷賊穴賊稱余為鄉官漫應之飯後詢以徹夜礮声始知諸暨所轄之包村有包立身者倡義拒賊且精奇门術故賊夜驚耳午後出昌安门如魚脫網如鳥離籠悲喜交幷心不自主亟登小舟但見

廬舍蕭條蒿萊匝地炊煙斷絶鷄犬無聲憶槳勇肆橫時北門奸民籍端搆亂雖由廖太守一念姑息致遭攢毆然其時得二三紳耆排解其鬨必不決裂至此乃各樹黨援作壁上觀遂至官死於民民死於賊撫今追昔倍增慨歎移時舟抵寺東村叩謁老母難道膝下久離之罪聊述城中聞見之奇骨肉環聽既驚且慰惟悔移家互御當賊至時闔眷輕裝赴沙地監守者又膽怯遠匿所有輜重賊擄去十之三惡鄰擄去十之七已蕩焉泯焉矣雖幸不死仍難謀生詠少陵世亂遭飄蕩生還偶然遂之句又不禁痛定思痛也 以上見虎口日記

個廬隨筆

一杭紹之陷賊

浙撫王有齡當杭城將陷時以帛書募壯士齎至上海請蘇撫薛代奏中謂杭不守由紹不守疑咎於紹紳王履謙有匿死不瞑目語然紹之失則咎實不在紹其時李定太守衢聽賊過而不擊張玉良守蘭溪不顧金華饒廷選林福祥既棄蘭溪又後棄諸暨棄紹興賊於九月初四日陷浦江進攻諸暨不能越乃繞富陽浦江交界之和尚店以渡臨浦陷蕭山而後紹興乃陷則紹之失果紹之咎哉

清宣統二年六月十二日紹興公報

、雪門詩草

善化許太守瑤光有詩集十四卷曰雪門詩草太守官於浙嘗宰諸暨紹城克復太守來辦善後其集中所詠涉及越中時事者頗多摘録若干首備詩史

聞杭州告陷書感（録三首）

一卒衝圍出中丞寄帛書開函千淚迸不食兩旬餘白奏煩嶙省丹忱耿太虚自慚臣力竭遺恨越防疏（王壯愍自知不守先以帛書募壯士賚出至上海請蘇撫薛代奏詞意謂杭不守由紹不守鯀咎於紹紳王履謙有臣死不瞑目語）

清宣統二年八月初四日紹興公報

雪門詩草

二月重至諸暨時縣城初復

兩三故老出破屋五六兒童鬈短褌不記自家離亂苦轉憐我面舊刀痕

藏粮石窌被搜竊田麥新經飼馬空指點春風留活計門前數畝草花紅（其草葉碎而花紅本漚以糞田者今則以之救飢矣）

一自蘭江入浣溪連宵寂寞不聞雞迢迢官路行人少細雨鵂鶹樹上啼

相對桃花破昔愁苧蘿山翠瘴烟收浙東自此平安報前日官軍定越州（紹興於正月廿六日克復）

清宣統二年八月初九日紹興公報

紹興縣志采訪稿

紹興縣志採訪稿

雪門詩草

難忘（録三首）

殘歲吳冕訪梓臣那知守越殉城人同心同難官場少爲建專祠報白蘋（庚戌冬廖梓臣宰德清辛酉殉難於紹興癸亥經辦善後爲斂其忠骸并建祠西郭門）

錢江九月困城隍無奈重尋浣水芳哭起蓮蓬人作難解圍端賴戴民郎（閏三月履仁和十一月改任諸暨時諸暨楓橋全畈村匪徒何文慶以錫鑄蓮蓬取連和之意也招結黨人羽已近萬人十二月余因勸捐將訪其寔被匪圍住四日後賴山陰戶部員外郎何　民同年親至計解乃得出圍戴民名惟俊後於十一年九月因賊以書誘降不答自縊死

雞年蛇月失金華南侍蘇溪作捍遮嶺守善坑韓李博孤營曉色斷飛鴉（十一年二月侍逆陷江山常山四月十七陷龍游次日陷湯溪又次日陷金華諸軍進防諸暨不戰而潰五月晦賊突過蘇溪將犯暨李賴廣文韓煜文札營善坑嶺堵之賊乃引去韓號午橋金華人曾從戎吉忠烈公營中）

到越州作

春風捷奏浙東收四月鳴橈到越州不信洋兵皆綉襪却看僞館尚雕樓孤城抗節悲前守航海來蘇遇舊游畢竟相逢有今日莫將滄海說橫流

清宣統二年八月初八日紹興公報

雪門詩草

聞杭州告陷書感

潮打西興畢回頭掃武林瘴雲滄海合毒霧一江深鼙鼓含霜濕旌旆帶雪沈危城同累卵失計豈從今（賊於九月初四日臨浦江進攻諸暨不能越乃繞富陽浙江交界之和尚店以渡臨浦陷蕭山九月二十九陷紹興而杭勢遂孤然杭勢孤雖由紹失至紹之所以失則不在紹興也）

江當春失險睦婺夏旋摧幙捲羣烏集鞭搖駿馬回都來顧根本不出翦蒿萊十頃錢湖地連營何處開（李定太守衢聽賊過而不擊張玉良守蘭溪而不顧金華饒廷選林福祥始棄蘭溪繼棄諸暨終棄紹興羣率兵回杭州以五六萬兵困於區區之西湖

紹興縣志採訪稿

清宣統二年八月初五日紹興公報

雪門詩草

重修越州試院落成紀事

山藏玉簡海藏珠越國人文駕九區竹箭早年蘇貢品金甌昨日洗兵符中興河嶽灵應毓出使星曹節已趨廣柘萬間留庇蔭梗楠知是楚材無

記者曰雪門楚人故矜楚功寔則越州克復仍越之力也

書升論秀做名場從此能觀上國光休倚科名生傲慢好將忠孝入文章風留虞夏典謨古李到王劉冊籍香此日羣賢欣畢至蓬山餘地許徜徉

清宣統二年八月初六日紹興公報

紹興縣志採訪稿

義舉
驛站
廨署

目録　義舉　驛站　廨署

陸氏宗祠議規

社倉條規

增蕺山書院膏火紀始

紳董因增書院膏火呈請議敘稿

村董因義田贍族呈請詳敘稿

鄉耆因社倉建設呈請詳旌稿

衆紳因塘工告竣呈請詳褒稿

縣主因各義舉成立詳請優敘稿

藩憲詳請議敘示勸將來稿

所捐社穀請照條約分給孤貧各詞

照請清理嬰堂之欵項

育嬰堂派定各紳

嬰董稟陳失管南沙沙地之府批

育嬰堂之會議　昔日秋玉蘭接憲文止應移在未行觀音閣茶亭後

蕭太尊爲育嬰堂事通詳省憲文

浙人江旅滬學會覆王人驤函

關於嬰堂交涉之藩批

育嬰堂新董改請奉紳

浙江旅滬學會覆王人驤函

育嬰堂董逝世

批留嬰堂經濟部董

育嬰堂經濟部董周嵓嚴稟撫憲文

義行

程錀

酈世澍

尊義會

軒亭口琵琶并觀音閣茶亭

驛站陋規

稟修府者

埂頭茶亭勒石記

會稽二十八都曰埂頭剡川路經焉崇禎間商君周嗣創茶亭路傍樊以竹場延僧日濩茶其中以餉行人乃商君以國事死也人哀商君之死且悲亭之廢思與是亭址故版藏之商君之僚壻傅氏者越二十年今商君之配胡願續前志遂謀諸女弟仍清故址延僧人心空復爲搆亭而惟恐後來之有所侵也請記之石雖然天下之能死國事好善如商君其不忘前志善成事能遂施予如商君之配其見其所遺誰不思復而其忍侵之月日勒石

以上見清蕭山毛奇齡稿西河合集卷八十二之三

小雲棲書館藏

紹興縣志採訪稿

徐維則自都門輯錄

張澄齋之義行

道光中夷船入江金陵戒嚴兵民乏食山陰人張澄齋爲白下僑舊慨然發粟三千石傾家財七萬有奇悉以供軍糈振民饑城完寇退口不言功大府上其義行有詔褒錄留江南以知府用並賞孔雀翎是亦清一卜式矣惜澄齋需次歲餘遽謝世不及稍有所措施也　以上見小横香閣主人所輯清朝野史大觀卷七

徐維則自都門輯錄

徐文源傳己酉四月

徐君文源，山陰戴家橋村人，家世貧薄，弱齡入塾識字，不及千餘名，棄業農，已而習染，來於桑瀆村某店，主人以其誠謹厚倚之，數年店停歇，君無他甚，賃小舟，博工資以糊口，性耐勞苦，載客或道遠，或餘晚，一下計雇值，妻某氏不率婦道，君棄之，不可出之，終身不復娶。光緒三十三年，浙路風潮亟，君認一股，為村人倡。次年管墅啟林學堂建築校舍，君捐銀十元以助，見義勇為，士流所難也。余五六年來乘君之舟，歲約二三十餘次，風晨月夕，嚴寒溽暑，形影相依，食飲與共，奄聞朝露，如喪良友。君孝于祖母，舟居一二日，輒餘省其歿也，距祖母之喪僅五日，寔宣統元年四月二十九日，無子，以某氏子為養子。

論曰吾見今之上等社會者矣居則衣食豐美也出則輿從赫艷也儼然道貌萬衆敬仰而於鄉國無絲毫關繫鄰童失學不之向路款困難不之顧曾一舟子之不若顧煌煌焉揭櫫曰公益公益也嗚呼公益名詞何不幸而被若輩點污也哉（見愧廬文鈔）

查明嬰堂產業性質並擬清理產款疏通嬰孩案

竊維嬰堂田產當建設伊始如何撥充捐置案卷散佚已無陳迹可尋惟考查道光年間所立碑記分載各縣捐置財產山陰為最如餘上等處均甚寥寥諸暨並無捐置產業照碑記捐廉濟助者首由省中各司 次由縣中各官幕先為之倡是紹縣嬰堂為慈善事業各縣各户之捐輸者亦確係一願捐性質如果嬰堂公產各縣可以藉口瓜分則當日捐廉之官幕後裔何一不可起而爭論是嬰堂產業其非七縣府公有決無疑義惟查經濟部董事鮑君七月三號來函預算本年開支數在一萬九千三百餘串文而上年所收之款僅一萬四百餘千文計不敷出款幾及九千千文查其收款內各處田租折租祇一千七百千文而宣統二年田租

折租及糶穀米錢文有五千千諒以年歲有豐歉故收款有增減以平均計每年可得田租折租糶穀米等錢三千四百千文即以此合計年不敷款七千五百千文查進款之減一以柯橋米捐華舍調捐本城箔捐均被截留改為本處學校經費二以存典長息存莊掉息除置田產及股票外餘均陸續補助本既用罄息亦無着故進款逐年遞減至出款之增以收育嬰孩已達千口而撫育部董事貽出為体恤周至已被領之孩查有虐待即將原孩收回隸堂凡欲領即孩者不察其因被虐而收回徒聞某人在堂内領孩未及數月堂事即遣人收回以領孩為畏難有欲領而未敢領者故嬰孩日見其多而出款亦因之遞增茲擬定清理產款及疏通嬰孩辦法兩條開列于後

第一條清理產款

(一)蕭山縣境内捐置田共計二百六十四畝三分八厘年額租穀四萬六百　斤租田三千文查印册載捐田三十一畝零二厘置田二百二十二畝八分一厘三毫合計二百五十三畝八分三　六毫(置田中有荒蕪田一畝七分一厘九毫又攷短一畝二分八厘二毫)年額租穀四百七石二斗三升查前清光绪二十九年至三十三年徵信録所載田畝租額均与印册同惟内有荒蕪攷短均未註明三十二年徵信録所載新增項下有新置田十九畝一分九厘九毫年額租穀二十九石七斗六升先後併計應有田二百七十三畝另三厘五毫租穀四百三十六石九斗九升何以三十四年徵信録

此行低二格寫

紹興縣志採訪稿

改為共計田二百六十四畝三分八厘即以前項置田內荒蕪等田刪去三畝零〻一毫外亦應有田二百七十畝另〻三厘四毫此減少五畝六分五厘四毫並未填註無從查核至租穀四百三十六石九斗九升改為四萬六百八斤較為核實

(一)蕭山縣境內沙地憲撥并捐置共計一萬三千七百九十五畝九分五厘查印冊載憲撥朱茂林案充公沙地七千九百五十畝又 化龍案充公沙地五千八十六畝二分憑屠氏捐入白地四百十一畝二分二厘(徵信錄收款項內有憑屠氏案沙地和以屬謬誤查道光年間碑記有憑屠氏捐沙地四百畝另是山項沙地委係捐入並非因案撥充)潘孫等四戶捐入花地沙田五十一畝(即龕山瓜瀝等處)核計畝數不

數二百九十七畝五分三厘查光緒二十九年至三十三年徵信録田產額内除憲撥朱陳兩案外有捐置沙地五百二畝二分二厘至三十四年始改前項總數收款項下除前項沙地租外又有蕭山黨山沙地租惟以前均載山邑黨山沙地租以當

沙地始于何年以及畝分均無從稽考又查經濟部經管產款冊有第三十三號倪姓捐入山陰錢清場沙地五十八畝九分八厘（光緒三十二年原捐主向何前董贖去十四畝）查歷年徵信録田產額並無此項沙地收款項下亦無此項地租前項黨山沙地是否即係此項無從對核惟查光緒三十二年徵信録收款項内有贖回黨山沙地價錢一百六十千二百二十一文核與贖去錢清場沙地年分相

符壟山沙地雖是錢清場沙地毋庸疑義

㈠上虞縣境内捐入中田三十五畝六分五毫内九畝四分三厘六毫久已荒蕪年額租錢五十一千五百六十四文查印册載捐田二十八畝四分一厘八毫置田六畝一分四厘五毫計三十四畝五分六厘三毫年額租錢五十二千三百六十四文又查光绪二十九年至三十三年徵信録田畝租額均与户册相符三十四年始改前數計增多田畝一畝另四厘二毫減少租錢八百文其因何增減無册可稽

㈡上虞縣境内沙地九十六畝年額租錢一百二十四千八百文查印册載憲撥沙地九十畝額租錢十五千文光绪二十九年至三十三年徵信録載沙地九十三畝租錢五十七千

此行低二格寫

六百文自三十四年起載捐置沙田共九十六畝租錢一百二十四千八百文查原有九十畝由憲撥充並非捐置厥後分兩次添加六畝另宜徵信録並無捐户姓名又無置買此項支款其非捐置可知至增多畝數或由清大而伸增加租錢或因[illegible]兩次添增六畝其爲九十畝之漲沙似無疑義

(一)諸暨縣境内田一百七十九畝九分六厘年額租錢二百五十千文查光緒三十一二三年徵信録祇有三十年新置諸邑蔚山田六十五畝一分四厘年額租錢一百九十五千四百二十文三十一年並未收租亦未支完粮等費三十二年收租錢一百千文三十三年收租銀錢一百八十八千文支完銀米錢十二千文又支修理塘閘石磡錢六十五千四百

三十五文三十四年亦未收租完粮而徵信録改載捐置中田一百七十九畝九分六厘核計除前項嵊山田六十五畝一分四厘外計增多一百十四畝八分二厘查是年新增項下並無新置諸暨田畝紳富有無捐入亦無從查考至例錢与前項比例祇增多六十二千文以畝計租亦屬未符

(二)嵊縣境內捐置田二百畝四分一毫年額租谷一萬九千七百二厂三租錢一百四千二百七十文查印冊載嵊縣境內田二百十畝四分二厘五毫內錢張氏捐田二百畝四分二厘五毫宴寔有置田十畝(寔田九畝九分五厘九毫)年額租穀二百十三石四升二升租錢九十四千四百五十文又查光緒二十九年至三十三年徵信録田畝与印冊同惟租

穀改為一萬九千九百三十三斤租錢改為八十二千八百文三十四年叙改載田二百畝四分一毫租穀一萬九千七百二十三斤租錢一百四千二百七十文減穀增錢核計有盈無绌惟田畝因何減去十畝有奇須清查租簿

（二）應ナ五[illegible]

紹興縣境内田畝年額租錢三百十三千七百文查印册原額租錢每畝自一千三百文至三千文不等

上虞縣境内田畝年額租錢五十一千五百六十四文查印册原額租錢每畝二千文

嵊縣境内田畝年額租錢一百四千二百七十文查印册原額租錢約計每畝自一千二百文至二千文不等

以上三縣田畝租錢四百六十九千五百三十四文查印册似係光緒初年補造租錢本係米價合計較之近時已及倍蓰則租錢似可增加即以加半牽扯可增租錢二百三十四千七百六十七文

舊山邑境内有魚蕩五十六畝八分零年額租錢十八千文核計每畝祇三百十餘文較之以後捐置其租錢相去甚遠此項〻每畝加一千文可增租錢五十六千六百餘文

（二）應追各款

朱茂林案以其修築官埂借去錢一千二百千文查係光緒三十一年端節後借去由周董經手暫作借項將來該地上按畝繳還前經禀府有案亟應請縣知事移請蕭山縣知事

追徵

壽豐當存楷両口銀元一千元錢一千千文當已閉歇自光緒三十三年之年息未徵宣統二年五月堂董呈請山邑尊向徐紳追壹有案函應繼續呈請追徵各户舊欠七户

承泰[illegible][illegible][illegible]口千文查光緒十七年該莊以田契草推戤借英洋五百元具有領狀

周嘉謨欠錢六百千文查周嘉謨即周良甫任南沙接嬰堂董事光緒二十二年具有領狀徵信録註明二十六年起息未繳

協成正記欠錢一百七十千文查徵信録原載章子記光緒二十四年票借英洋一百七十元向不交息

詹佳伶欠錢八十九千六十六文查光緒二十六年分票借錢五十千文歷年掛欠除繳還外又欠

此行低兩格寫

錢三十九千六十六文向不交息　王元祥欠錢五十五千文查光緒二十四年以尅字號屋契作抵票借英洋七十元除繳還外淨欠錢五十五千文向不交息　馮合興欠錢二十三千文查係光緒二十七年分票借英洋四十元除繳還外尚欠此數　張思祥欠錢五十千文查清簿光緒三十二年十一月以沙地戳借英洋五十元長年一分起息自三十三年至今[illegible]按年交息惟三年分未交　以上各戶不計息共欠錢一千四百八十八千六十六文查各堂董歷久不追相率觀望[illegible]與重公帑應按照年月徹底清查以何人所付者繳何人追索俾不致款無着落　教育館印刷局兩處股票錢三百千文查光緒三十四年九月徐佑長以自買股

票交由宗堂董將售并親立筆據當時交割清楚本非戳借
可比宣統二年堂董周岩呈追徐紳元釗稟復各有案應否
續追查卷答復
批駁府府書李寅生欠繳鹽引捐銀元一千三百八十七元
三　已統元年呈繳三百八十七元三角零八厘外
其餘一千元由德康錢莊具保分作五年拔還至本年已繳若
干應查明呈追

第二條疏通嬰孩

(一)堂外寄養嬰孩其已斷乳又能行走者一律收回縣堂以節
費用
(一)堂外寄養嬰孩其領養之家如願收為子女准其覓保具領

不再給費

(一)堂中收養之孩其父母如願領回者准其覓保具領此外如欲領養如有就地紳董之函亦得給領但該紳董當擔稽查之責以防凌虐

(二)堂內乳媼以一媼字一孩所費必多若能酌量變通於月分較多之孩另雇看婦專用米糊以代之其費較省

以上見　安縣議会民国元年第一次議决案

沈氏義田記

履和公原序

我父勛勤公生平慕宋賢范文正公之為人居官二十年所得廉俸洪甘旨外悉以濟親族貧乏餘養後杜门讀礼遵我祖介菴公遺訓捐修無祀族墓撫孤恤寡方期次第舉行乃以哀毀過甚搆疾不起疾革之後際猶以義田未捐義學未創為憾遂齎志以殁迄今卅餘年矣伯兄春圃仲兄竹巖皆相继去世叔兄葆初又遠出遊幕予行年五十老病難支深痛先志未竟先將我父遺留渙字號田五畝零立户捐為義田隸於三瑞擇其九房中公正廉明家道可支者公同收花存息凡我六世祖君恩公派下將來有鰥寡孤獨及貧不能殮葬婚嫁者將每年所得租息酌量佽

紹興縣志采訪稿

助其一切章程最妙仿照山陰孫氏款式立簿稽核是田係乾隆五十九年間置備為我父母遷葬之需後因地師覆視僉云不吉是以中止廿餘年來祖花向係虞房經手茲公同合算虞房除現存陳穀兩小車𥫗外應歸出祖價錢二百千文葆房應歸出祖價錢十千文箴房應歸出祖價錢十千文即添置田畝嗣後積有祖息亦照此例添置以期擴充永久至介菴公派下有賢達子孫能以我祖[illegible]之[illegible]為心慨捐義田樂創義學歸入宗祠俾闔族均沾實惠此又予所厚望焉道光元年十二月箴和謹誌

東美公原序

吾宗自保泰公由[illegible]遷佁五代單支五世祖光宇公生二子長字君恩行二次字子易行三以故君恩公之後為太二房子易公之

後為太三房此吾宗第六世分支之原也遞傳以來兩房子姓日繁貧富不等予客遊嶺南離家卅載歸里後詢知太二房雲軒履和頡雲諸再姪捐貲、義田為將來養贍孤寡計甚盛舉也我太三房派下各房目前雖尚可敷衍而嫠孤滿目日後為難爰与景謨姪商議置得兩字號田五畝零作為太三房之義田公同收花存息以費遂漸添置俾与太二房義田一併歸入宗祠垂諸久遠此予之厚望也至於他日擴而充之更有望於賢子姓矣是為序道光五年十月東美手識時年七十有二

謹按吾宗太二房義田乃元泰等先大人履和公偕先祖晚園公志与先雲軒伯頡雲叔手定章程始於道光元年太三房義田乃承礼等先大人東美公与先景謨兄手定章程始

此一行低二格寫

紹興縣志採訪稿

於道光五年卅載以來太二房先後捐置暨履和公續捐田共四十八畝五分二毫太三房先後捐置田共一十五畝九分一毫三絲承礼元泰等仰承付託深懼弗克負荷爰將歷年帳目各立清簿知會太二房房長珠樓凝之魯泉榮水新田連谿文使薑臣太三房房長竹坡丹庭棣生元淦等公同商閲並承履和公之志會同勒石宗祠以垂久遠惟是城鄉兩處遥[illegible][illegible]

議太二房義田仍遵履和公遺命交元燮經管太三房義[illegible]仍遵東美公遺命交承智經管俟十年後接手有人再[illegible][illegible]酌辦理所有一切經辦事宜俟載清簿不贅

咸豐二年歲[illegible]壬子八月吉旦承礼承智承信元泰嘉穀元燮同立　見會稽沈氏家譜

環玉義田記

吾宗三瑞義田經牛大人履和公於道光壬辰年起支發孤兒寡婦月廩四十年來鄒氏有告矣予与五弟嘗憲先大人派下亦雜兒有窮而無告者因置得虞田四十餘畝立為履和公義捐戶嗣季弟家而姪先後病歿其寡婦遺女無以為生又仲兄之妾王氏苦節二十餘載均於同治丁卯年起照老義捐章程除月給米大口二斗小口一斗外加給大口月費錢一千文今年仲兄之孫信道又死母妻兒女度日維艱而予所捐義田早已入不敷出不能支持姪祖澤以其先人所捐履和公新義捐戶計田十畝零星請錄併余嘉五弟之篤於根本而歎祖澤之善能繼述也此兩戶田畝既已錄併自明年為始給米仍照舊章月費暫減為

紹興縣志採訪稿

五百以待擴充不使後來接管者賠墊爲難予老矣環顧宗支悽涼滿目所望吾大房中諸子姪勉自樹立克繼予與五弟之志擴而充之不失周親之誼寔有厚望今年秋家譜告成祖澤呈稟請記遂書之

光緒三年丁丑八月吉日元泰記 見會稽沈氏家譜

吳興義塾記

吾家自保泰公於前明宣德年間自武康徙會稽越十一世吾祖勖勤公始登賢書由懷柔令洊升天津道迺捐廉俸營宗廟置祭田吾沈氏遂爲城中縉紳士大夫家夫不讀書不能起家無田又不能讀

圖可緩乎哉先大人履和公嘗述先大父未竟之志有三曰義田曰義學曰義塚既而義田義塚先大人已與諸伯叔父次第行之惟義學未建爲憾咸豐辛亥先大人辭世元泰自京奔喪餘偕四弟嘉穀五弟元燮檢點遺篋存錢二百六十二千文又元泰寄回俸銀一百二十餘兩置得兩字閏字等號田共十畝立爲吳興義學户先是道光庚戌五弟捐閏字號田二十三畝九分零立爲勖勤公義學户咸豐庚申置得瑞筠堂對岸北首

春房公屋八間從姪廷樹亦捐入一間圍以牆垣自成院落慕遠祖雲積公織簾讀書因名其室曰織簾家塾同治丁卯五弟去世其孤祖澤以其先人遺筆檢呈有序記并田畝字號屋價修理工帳簿元泰揮淚覽之嘉五弟之克承先志而歎天之不假以年也其時規模粗具經費未敷同治己巳從弟元澧捐結字號田十八畝零立為介菴中憲公義學戶元泰捐兩字號田七畝零併入吳興義學戶又[illegible]兩字號田四畝零四弟亦願捐霜字號田七畝零立為履秀[illegible]學戶統計捐田七十畝有奇方冀擴充以成義舉而元澧嘉穀兩弟又相繼去世姪祖恕亦以先人遺命將霜字號田契戶管呈出[illegible]又揮淚覽之爰與姪廷樹祖恕贋福祖澤再姪希祖等酌定章程延師開學而地在隔河木橋往來未便假館

於予家者數年壬申膺福祖澤兩姪請以歲祖買前岸漊底虞房屋七間園地一塊其毗鄰為蓀房之屋賢書姪捐入兩間半膺福姪捐入半間即公講堂三間是也又園地三小塊一條春房一條蓀房一條復房皆歸入塾中此屋于癸酉年經膺福祖澤兩姪督修完整

曰吳興義學顏其堂曰織簾遺範成五弟之志也光緒丙子膺福祖澤復請置買塾門外餘屋七間沿河空地一塊屋外田八分基址較前式廓負笈者亦便之矣嗣是而後凡我曾祖介菴公派下子姓咸得入塾庶幾綿祖宗一派書香于弗替抑又聞之創始難持久尤難予老矣尤望後之人擴而充之為祖宗培育人才是即沈氏之賢子孫也夫是為記

光緒三年丁丑五月吉日元泰謹識 見會稽沈氏家譜卷九

義捐承志録

弁言

吾邑侯選州牧陞君仰承先人遺志以腴田四百三十餘畝税地一千七百餘畝捐贍本宗更復以質庫所存制緡三千貫分析為三一備

人一置社倉一隸紹郡蕺山書院生息以資膏火共計費約及萬五千金而其家之尚存者僅先人遺田四百餘畝留付子孫供烝嘗給薪水而已人即好施亦不過出所有餘以補不足已耳何有割棄已產之大半成一時之義舉可不謂難哉蓋自錐刀之習競遂錙銖之算朋固有擁厚貲席素封甯貫朽粟腐以供愚子孫驕侈之需至遇桑梓公事若秦人視越人之肥瘠漠然不関休戚于其心或勸之而不從且非之以為快如此者比

比其亦視陸君之所爲賢不肖相去何如也昌暇繙邑乘見吾邑之以義行著者在元時則有趙孟治之捐義田義廩在明時則有周廷澤之建前清石橋而昌之遠祖諱淵者亦于正統間出粟千石助賑與同邑高宗淅周端並邀敕旌在 國朝則張陞以歲飢鬻產得米三千餘石徧給窮黎王光美以捐田二百畝贍宗人貧乏者其爲數之多無如陸君斯舉者予非以數多多陸君多陸君[illegible]家業之憂人[illegible]迷此耳陸君舉是事時爲乾隆壬辰五月閏四車丙申夏以[illegible]入都過予寓舍因出其呈請各憲及批詳全案示予且告予曰昌之爲此以承先志初非弋取美名妄有希冀某已白之于早是某雖經鄉諸紳士呈請入告議敘俱蒙大憲垂鑒鄙有格而勿行然某是懼人謂某所爲之過矯也某將取案事顛

未厘為一通付諸剞劂俾他日得所考焉願丐一言以志梗概予以陸君之義田為贍族也社倉為恤鄰也偹修塘工暨書院膏火則同邑同郡之人皆受君之賜矣君子樂道人善孰有善于此者乎予雖不文敢無詞以應所請雖然贍族者族之人主之恤鄰者鄰之人 同邑同郡之人皆受賜則其權寔操於郡邑之大夫豈獨陸君可復得而主之凡同邑同郡之人亦無由為之主也然則使滋息不絕蠹胥而士毗均沾寔益當即郡邑大夫之惠政而已義舉云乎哉

賜進士第翰林院編修兼充方畧館四庫全書處功臣館纂修官教習庶吉士前應

南巡召試

紹興縣志採訪稿

欽賜內閣中書在軍機處行走加四級紀録四次同邑年家眷弟

吴壽昌拜題見山陰梅湖陸氏宗譜第二卷

義捐承志録

序

余與緒昌姪俱忠宣後裔，而緒昌為放翁公之嫡派。伊尊人惠臣三兄醖謹敦厚，性樂施予，時以宋范文正公義田贍族，欣然慕之，且欲建　學，俾親疏老幼各得其所，而惜乎力薄，賫志以殁也。緒昌家型古銘，篤念不忘，殫精悉慮者數十年，一旦奮起力行，獨捐腴田膏地幾三千畝，上為宗祠掃除祭享之需，下為族姓孤貧衣食婚嫁課誦之費，又以三十萬錢助堤工、倫倉、儲資講院，親親錫類，沾溉普洽。慮後世之有變更也，則籲請當道以設嚴禁；憲規制之有混淆也，則詳明條件以立章程；憲出入之有疏遺也，則慎擇董事以重稽考。前賢所謂法良意美、可大可久，俱于是乎在夫孝莫大乎善繼述𦃃昌能於前人未竟之志踵而成之可不謂孝與惟其孝故周卹之仁非煦煦推解之義非孑孑所以成承先而啟後者不但足以耀曩哲垂之家乘世世子孫永為儀式其庶幾垂於不朽云是為序

雪莊叔燝拜藁

見山陰梅[illegible]墅氏宗譜卷二

緒昌公義舉呈請立案原委

具呈監生陸凱

為籲懇玉成素志以垂久遠事竊凱生長鄉偶恪遵庭訓念凱父陸洪範屢嗟邨穀族之懷欲設勸耕勸讀之法緣家產未充賫志以殁[illegible]苦積有年擬俟五旬畢舉不意近來世俗澆漓人心不古稍稍[illegible]飽便生覬覦是非莫辨曲直難分少有可乘之隙遂為催厲之階凱今年四十有五悄悄憂心淹淹多病凱母徐氏年已七十有五見凱屢遭顛躓諄諄以速酬父志為言第念所積無多不得不遵母訓不揣冒昧陳請　大憲之前凱父曾有遺田四百餘畝凱今新置蕭山二邑民田四百三十餘畝錢清場稅地一千七百餘畝暨邑店口村地方陸長秀當鋪一爿皆因守醇謹

之家風賴儉勤以蓄積凱兄弟早世之嗣俱以凱子承繼謹將父遺田畝仍隸子姪俾上供烝嘗下資薪水所有凱新置民田税地悉行捐入宗祠俾農蓄積倉有田匯石士資膏火有志竟成其餘以酌濟族中之鰥寡廢疾者現在邀族妥議章程又長秀典鋪約有當本制錢三千串凱愿分為三股其一捐入蕭邑塘工為潰溢備水潦之資其一捐置本村設立社倉為里黨備救荒之計其一捐于紹成書院以資膏火其所捐書院之錢仰邀飭交有司于典當由成鋪生息每年留本用息一以勸士之游藝苑者得以焚膏繼晷一以令族之攻舉業者得由家塾書升惟是蕭邑塘工現蒙　大憲念切殷殷飭速赶辦以衛民田凱之典鋪現已停止听贖凱意先捐塘工次捐書院後立社倉但恐當中陸續取

贖優不及事得蒙憲恩飭暨主給示着偬張挂該地限於本年八月爲期即來取贖者概讓七折之利如逾期不取即行變賣如此則收本速而公事舉不但塘工之錢立可儆足即書院社倉亦可於年內告竣矣至凱所捐入祠田地誠恐凱後子孫貧窮不肖有串弄

有藉捐索擾之端亦祈憲賜飭着蕭山二主飭并錢清場查明訂冊毋許盜賣循照族議以垂久遠在凱亟酬夙愿冒昧陳情初非弋取美名亦非邀譽鄉黨仰承先志以勵後人委無希冀惟愿速成爲此籲叩

憲天大人電鑒下情恩飭暨主出示催贖當貸並着蕭山二主并錢清場將産註册杜盜俾凱速酬先志得垂久遠凱得死無遺憾感激不朽再所捐入祠田四百三十餘畝稅地一千七百餘畝並無

爭競不明之產並典本三千串現于本年三月盤查亦無虧缺短少之弊合併声明上呈

乾隆三十七年四月二十日具奉

撫憲富批

據呈請以自置田地捐入宗祠典本分捐塘工書院社倉數盈逾萬數族急公殊堪嘉尚仰布政司即飭查明實在所捐銀數併作何議叙之處一併議詳箸奪

乾隆三十　四月十九日原詞具奉

藩憲王批

據呈捐置義田四百餘畝又場地一千七百餘畝以贍本家具見敦本宗睦族克继范文正之餘風又捐當本三千金分辦海塘義

学社倉三事該生倡義於前必有聞風興起者樂施於後從此金隄鞏固田廬資保障之功學校振興芹藻增孤寒之色倉廩充裕里鄰無凍餒之虞一方樂利百世蒙庥在該生祗自克承父志並非邀譽沽名亦司詧核為善婆心絶非假仁仗義披閲之下曷勝嘉許原詳

註册毋許盜賣之處仰候吳府分檄各縣場查照辦理一面通詳

撫藩學三院憲詧核批示立案以便飭令勒碑永垂不朽惟當內各貨物樣請立限本年八月為期讓利放贖過期不贖者即將當物變價一節是否輿情允愜應否酌寬其期示諭取贖並飭該縣再行確核妥議附詳核示飭遵勿使各當户稍生怨悵以成善舉可也見山陰梅湖陸氏宗譜卷二

陸氏宗祠議規

粵稽宋范文正公義田記，其田負郭而常稔者常千畝，其族待贍者九十口。其法食人米一升，歲衣人一縑，嫁女者五十千，再嫁者三十千，娶婦[illegible]五千，葬者三十千，葬幼者十千，擇而家居俟代者得与焉，[illegible]官者罷不給，而其出納則以族之賢者主之。陸氏宗族不下有千餘丁，其貧不能自食者十之二三。今陸凱仰承父志，捐田四百三十餘畝，沙地一千七百有奇，除撥奉宗祠擴充祭祀、設立義學、歲致塾師修脯薪水之外，餘剩無幾，勢不能与先賢等而當其族之數倍。議施雖普，議貸不可，據古論今，略倣前人之意，以俟族有興聞風興起、樂施於後者再爲計議。始就現在斟酌周卹事例于後。

一慎遴派下之端恪殷實者董其事每董事以五年為率每年正月十五董事房另設六簋菜飯邀請通族之長暨各房之長並惠旦房值祭者一人至祠將一年登記收支數目簿籍舊管若干新收若干開除若干現在實存若干両同銷算〻明之後將實在存貯數目分晰載于次年舊管新收條下歲置両簿一存現董一備移交後董與事之人均登名書押永遠遵守

一董事之人　性凱派下承充如管值五年滿日憑族長暨族衆公議另選　妣之殷實公正者接管將歷年收支各簿両衆交代接管之人收受而前管者不得以上届無誤仍留董事蓋日久弊生甚非所以善始善終之道

一董事所收田租地息憑族衆公議上完　國課下留周卹者外

其餘米穀概以冬至前一日邃中市值作價面衆登載新收條下或存或糶悉听董事主裁族人不得攙越參議一米二穀冬積春消雖有升合之餘些微之惠亦應量酬董事之勞
一催收田租乜必務遴誠寔幹㨂之人專司其事若不議給薪水難以責成〻佁辛力錢十二千并火食錢十千其田除正租外内有小租脚〻其地除正租外亦有東道及易佃起票錢文除一應收租船脚費用之餘悉給董事及催收者公分以奠寔力辦事其租簿照抄坐簿一存於董事一付催收之人而催收之人另立逐日收租帳一本每于正月初三日算明偬數共收新租若干利息若干欠出若干將欠户另立一簿姓名欠數一一開出徑衆付董事帶回核對登明坐簿照所開欠數查察如有虚冒等獘立

即勒令清還覆出如董事狥隱照數倍罰

一所收田租地息除各項分給外餘存生息如錢至一千串以外將一千仍存生息以備不虞其餘置買田地以滋花息

一宗祠向係二進今陸凱將各佃借欠共錢一千餘串一併續捐於祠後添建一進供主第二進改作享堂祠旁建造義學宗祠産息無多每年奉步錢二十千文以擴充年朝春秋二仲祭祀之需後燿南公因分零續行地狹改營添設擴充舊址祠前另購田一畝二址在第一進基地併毗連西首及看樓餘屋等處有道光碑記勒在宗祠第三進敦仁堂廊下西壁其積貲墊款移建宗祠一項有道光十五年碑記勒在第三進廣孝堂廊下東壁

一祠旁設立義學一所延請本族之文行兼優者為塾師歲給脩金二十千文薪水二十千文稍盡承先之志聊為啟後之謀嗣因清光

緒間新政疊頒令各鄉鎮改義塾爲學校鴻飛等遵即禀縣立案定名梅村初高兩等小學校寔係因時制宜廣開民智不忘祖德也

一渭南伯墳墓葬于平水每年捐錢十六千於清明前十日值年辦祭每房至[illegible]必掃

一我陸氏廿[illegible]除遠支難以追查外所有小赭後梅羊山暨紹城内之八字[illegible]并柯橋西郭江墅凡在祠与祭者均係近派所有義學周邺等事董事一个難以周到必各村立一房長并副董事先行造明世系户口年歲存於總董事仍每年生則註增死則註除以免溷淆之弊

一同族子孫在學讀書八歲以下能熟讀四書十歲以下能熟讀五經十三歲以下能熟讀古文名文兩筆者是皆聰明可造或貧

而好學膏火不繼十歲以下日給米七合錢七文十歲以上日給米一升錢十文夏給巾扇冬給棉衣一件其棉衣于次年春後合本家拆洗交還三年一換毋得失遺（此條向不實行現已禀縣設立梅村學校飭令取銷）

一族人貧而好學無力應試者童子應（縣府院）三試每試給盤費錢三百文青衿應鄉試者給盤費錢二千文舉人應會試者給盤費錢十千文庶行步增輝雲程無阻（此條因科舉停後稟縣設立梅村學校現亦取銷）

一本支族々

十歲貧而無力娶婦者助錢十四千文不幸而繼娶者

[illegible]文無力殮而葬者助錢六千文葬幼者自八歲下殤始至十六歲止一律減半惟不滿八歲為無服之殤遵例停給不葬而浮厝者減半倘外支如外小赭江暨柯橋紹城等處無論年長年幼照本支各減一半以別親疏而安存歿

一宗祠辦祭義塾支脩均憑值年房賫見支押票預先五日赴董事支領若窮族紅白事宜及周卹等項憑族長協同本房之副董事寫明某房某人之子某人之妻某氏因何事由云云並書領狀請族房長簽可[illegible]人赴董事房照例給領倘有冒支惟族房長及副董事等是[illegible]

事擅名冒領或擅自給發倍罰不恕

一族人貧而老幼殘疾及孀居者月給米一斗五升每季仲月望日給發此條早經改作每年冬季十二月望日春季二月望日分兩期給發毋再變更每年造册登記多增少減以憑核對所給之米斗以流方官較爲准米以乾圓潔淨除糲斷穀爲主幼者減半倘董事以小斗水米攙糠糲粃糲穀漁利者族衆察出倍罰不恕六十歲以上爲老十六歲以下爲幼殘疾并孀居者不拘年齒俾免枵腹之虞咸享安居之福惟年未及

紹興縣志采訪稿

老不准預支凡領米之戶無論老幼殘疾孀居將至領米期而病故者照章停給其家屬不得藉未領完全為口實飾辭強領如違董事徇情濫付亦倍罰不恕

一捐存田地豐稔之年租息必多除奉烝嘗延塾師周䘏族人外如有餘資自應生息議以按月一分听董事擇人生放統以正月十五日彙收本利[illegible]算明登簿之後仍听生息以備水旱不齊之年買米平糶[illegible]

一陸凱創[illegible]於祖息日後子孫繁衍勢難周及然族中貧者固多而殷富者亦復不少或本有意而勢難遽行或慕義感興而後酌素志自必有續捐以襄盛事茲先擬定捐款聊以備補日後之不足凡受周䘏之家及在學讀書之子孫或登第上達或吏

幕異途或經營獲利或勤耕積資照所受之數加倍償還祖款後

有效陸凱之志則吾族之闻風興起樂施於後者正未艾也

乾隆三十七年七月初六日合族公議永定章程

亮臣　天衡

景山　雄章

巨青　左章

人可　有声

守愚　杏芳

我範　儀一

漢思　顯一

渚昌　伯元

聖可　冠英

俊如　明道

見山陰梅湖陸氏宗譜卷二

社倉條規

一社倉建於義學之側計六椽平屋五間後留餘地

一塊如後不敷積貯以便添造

一社倉必憑里□地總慎選里內品端殷實者立社正一人社副

二人董司其□□□出納平糶周恤賑濟事宜務在公允社正五

年一換以社副□舉生社副係協同幫辦毋庸更易社正至滿日

交代亦必憑里老地總另舉接管將歷年出入各簿面衆交盤但

所司出納簿籍每年于三月初一日值　當境土穀尊神壽誕里

民聚慶之期邀同里老地總面神經衆核算舊存若干借出若干

生息若干開除若干現在實存若干將實在存貯數目分晰載於

次年舊管新收條下歲置兩簿一存社正一交地總呈稟縣主備

案或從中有侵漁虧缺之弊須里老地保查實指稟不得狥隱流爲積弊以資中飽

一積穀所以防飢凡在豐年毋須平糶將穀存留三分以七分借放里內一分起息春借秋還不能拖欠借時必憑殷實保家毋得濫放倘有疏虞經手自認至遇中歉之年減價平糶存三糶七仍於秋熟買補如遇歉年七分平糶以惠次貧之家三分糜粥以賑極貧之戶但[illegible]社丁口千餘其間貧者十之二三陸某所捐制錢千串、[illegible]年平糶似難周及鄰村即本村亦必邀同里老查明次貧極貧造册分給小票中歉之年極貧者大口每日許糶米一升小口減半米照市價每斗減價四分次貧者每升減價二文大歉之年極貧者分立男女二厰煮粥以賑次貧者仍照中歉平糶之數每升減價四文惟是極貧者雖在豐年亦有啼飢之苦一至深冬身寒腹餓猶堪憫惻公議於十一月十二月每月大口給米一斗五升小口減半婦女与殘疾者不拘大小十六歲以下為幼

一買穀平斛以滌芳官較為準議定二穀一米以除粞斷穀乾潔為主如以糠秕粞水不堪之米或糶以小斗種種作弊者罰戲鳴衆革退仍照弊以一罰十如梗議不從鳴官究治

一倉穀于豐稔之年生放總以存三出七為限如人上領借不及七分於五六月間照額糶出隨時糶賣至秋熟買補其所存三分於次年留新糶舊以免霉變之虞

一社正社副既無絲毫之利而有經理之勞蓋因同井共里宜有

出入守望之情而歉歲凶年俾無啼飢號寒之苦敢曰礼義生于富足毋致盜賊迫於飢寒一境之内共樂昇平寔爲有益並非徒勞而執事必五年一換人必殷寔老成毋疏忽毋侵欺況出納不經胥吏正可和衷酌辦賑糶議有成規何難寔力奉行惟是一里之内殷寔者少殷寔而老成者更少既憑里人之公舉自可寔心辦理踴躍承當牽毋推諉以致廢弛也可見山陰梅湖陸氏宗譜卷二

增戴山書院膏火紀始

余嘗讀漢書循吏傳見文翁振學成都慨然慕之宋初四大書院生徒濟濟所以崇道術者至矣然皆給以膏火之資而士氣奮佁郡戴山講生[illegible]於前太守俞恕菴先生嗣是經費日增規模日廓生童有[illegible]之分其肄業月給膏火銀九錢而名數則定以四十蓋奉[illegible]有年矣歲癸巳山陰監生陸凱鑭錢一千貫入書院余與邑令籌畫分存各典商歲計息錢一百二十貫量加肄業生童十六名寒畯之士廣與栽培而文運蒸蒸相期益上睢陽嵩陽岳麓白鹿之規條庶幾漸步後塵乎抑成都雅化將不獨擅美于前書此既以揚陸生義舉尤望後君子守之勿墜且更為踵事之增也

乾隆三十八年　月　日

知紹興府事澠池席椿書見山陰梅溪陸氏宗譜卷二

紳董因增書院膏火呈請議叙稿

具呈　舉人甯騎　生員魯秉禮
　　　生員茅連泰　生員張猷偉

為義舉可風公請議叙事竊自西周養士㧗諸棫樸菁莪東魯作人鍾自龜蒙[illegible]盍盛世聿昭文治而人傑端在地靈惟我蕺山書院地擅[illegible]水秀星分牛斗霞蔚雲蒸鳳舞龍蟠列岡巒而攬勝珠聯[illegible]峙樓閣以增輝鑑水淨無塵應清流之輩出爐峰高拔地照文運之光昌允推名勝之區洵屬文章之藪遐稽往代歷有名賢越在　本朝更多英俊是惟　天子右文賢侯重士篤培養者百年萃人才於八邑久矣涵濡夫雅化自當砥礪乎廉隅茲有本府山邑監生陸凱名早著於士林義更稱於鄉里立義田設義學既饒累萬之捐置社穀輸塘工並有盈千之助乃更輸

錢千貫捐入蕺山書院充為膏火之資今者數已繳齊錢經給典將見所積有加取資益裕獎從其厚則鼓舞者必多額取其寬而來學者愈衆師〻濟〻慶桃李之盈门炳〻烺〻貯圭璋以華國洵儒有功於文教非徒泛等於輕末沐優嘉何以勸善業蒙上憲鈞批應加議叙還仰

父台詳請遂賜榮褒行見義舉之迭興用卜文風之日上上呈

乾隆三十八　月廿八日具奉

署山陰縣

捐資書院膏火倍增洵堪鼓舞群英垂休奕禩候据情轉請單附

見山陰梅湖陸氏宗譜卷二

村董因義田贍族呈請詳敘稿

具呈 生員陸文鎬 監生陸士賢
生員陸文鑑 監生陸謙

為義事告成公請詳敘事竊聞善人是寶乃昇朝教育之根俊民用章寔國世守之本此所以善政敷施而人心淪浹也今有鎬族監生陸岩孝友夙號謙和在宗黨共目為端人而戚里咸稱曰長者勤儉自積不計錙銖稍有倉廩之餘居然慷慨此其好善寔本心成而樂施非同粉飾者也去年四月十九二十等日迭赴撫藩二憲具呈將伊親置民田四百三十餘畝計值八千六百兩錢清場稅地一千七百餘畝計值三千四百兩捐入宗祠并將親營當本三千貫分作塘工書院社倉三項義捐均蒙嘉予蓋在凱也仰承先志不惜一傾囊資而在族等承受嘉賜敢

不公請詳獎今伊所捐民田稅地已經收入宗祠推收公户非蒙
註册立碑曷克永垂久遠至於細收列章程嚴稽董事均從公議
立有規條查户口以立册也則自放翁而後凡本支之窮乏者皆
得依活焉建義學於祠旁也現請孝廉寧騎凡有志於經書者咸得
從學焉而且鰥寡有資婚喪有助規模小法於范公遠近有差親
疏有別施与累同夫晏子似此義事迥出非常雖在閭里偏觀一
似自豊其宗
公庭俯視均之軫卹其子民非所稱一鄉之
善士歟
哉為此伏叩
父臺恩賜通詳各憲寶卹善人表彰義舉倘蒙優獎之榮定獲後
來之勸上呈

同日具奉

署山陰縣張批

樂施好善成例昭然候據情轉申以孚輿情抄粘並發

見山陰梅湖上氏宗譜卷二

鄉耆因社倉建設呈請詳旌稿

具呈監生陸　謙　監生方萬成　監生錢世芳

爲社倉已定理合呈明事竊惟委積之任掌自遺人斂散之方傳之管子而後人代謀儲蓄其大要一準常平迨朱子設建社倉其立法從茲益[illegible]　幸躬逢全盛身歷太平方欣耕九而餘三亦既家饒而戶[illegible]　聖天子心廑邦本錫賚時下於閭閻　賢師保念切民依積貯常充於郡縣原共安夫耕鑿更何憂夫歉飢然藏富不厭其多而有備益當無患茲有本邑監生陸凱本勤儉以起家復慷慨而好義曾於去年四月將伊手置民田稅地二千一百餘畝捐入宗祠又將親營當本三千串劃作塘工書院社倉三項分捐一併赴　憲呈明兩沐鈞批議敘今將社穀錢文千串

紹興縣志採訪稿

業交董事採買貯倉而且議集鄉耆章程畢具傚耿朱之遺法遵漢宋之遺成規雖小用而小效亦宜古而宜今存三糶七自無紅朽之虞春借秋還不類青苗之弊且有事責之董事無煩胥吏之經營即歉年亦屬豐年更省官司之念憲既敦宗而睦族復捍患而郵鄰依然同井之休風庶幾　熙朝之良士為此伏叩

父台通詳　[illegible][illegible]用達輿情獎勵之有加咸感恩於無既矣上呈

同日具奉

署山陰縣[illegible]

監生陸凱好義樂捐善舉累累深堪嘉尚至社穀一事尤為條議精詳悉合耿朱遺意准據情通詳以旌善舉可也見山陰梅湖陸氏宗譜卷二

衆紳因塘工告竣呈請詳褒稿

具呈紳士丁百川 紳士何怀楚 紳士何錫邦
紳士趙　錕 紳士曹　湘 紳士方振坤

為義捐逾格遵

憲請詳事竊惟越郡列在東南素稱澤國而山

蕭兩邑逼連下每尤屬水鄉用設隄防寔維保障近追明宋績著

湯曾遠致濬

馬賀然亦每多因革時有廢興惟我本朝宬

國百數十年　水患蓋由

皇上歷命臣工勤加防護執事仰

承德意時飭營修宜其共慶安瀾而奠於磐石者也自乾隆三十五年秋偶值風濤之作致有尋丈之推蓋水既盛則累土難勝亦溜甚微而鍊石易補蒙前主通詳

各憲補剏是圖宜小民深荷

恩勤捐輸恐後惟

臺治監生陸凱獨於按畝樂輸而外更有助塘千貫之捐曾於去年四月与義田書院社倉等項赴

憲呈捐

約資一萬五千有奇，兩荷鈞批議叙。夫踴躍而勉輸將，俱見急公之義；慷慨而拯同患，更為濟衆之仁。今伊錢已繳齊，工經告竣。川等曾於閏三月初七日呈叩　蕭主葉，蒙批准詳請議叙在案。但凱係臺治監生，理合呈明，伏叩
父台通詳　各憲，用錫褒嘉，以彰義舉。上呈
乾隆三十八年三月廿八日具奏
署山陰縣張
查陸凱慷[illegible]惠濟衆，已奉　各大憲批奬在案。今據該紳士等稟稱錢已捐齊，工經告竣，詳請褒嘉，俟據情轉詳　憲示可也。見山陰梅湖陸氏宗譜卷二

縣主因各義舉成立詳請優叙稿

署山陰縣知縣張力行看得監生陸凱賀本敦仁行尤慕義積而能散詎壅多藏用之咸宜不作無益傚考亭社倉之設年雖歉而常平效文公義莊之規人藉飾而有覺分匳贈麥舉淹滯之婚喪賑寡卹孤煢獨而且助工賑于海塘聿興水利更復增膏火於書院之人文肄義於親蓋伐其德有濟於物不靳其財凡此多多益善之資寔為卓卓可稱之績先民有作或覩其儔晚近以來誰与之匹夫片長足録尚足慊於人心矧衆美兼施寔克孚夫羣望倘不亟請議叙將一萬五千金之義舉有美弗彰惟祈轉請闡揚庶兩浙十一府之善人爭先恐後擬合備叙具捐數繳齊緣由并造具社倉義田條約清册具文詳送仰請

紹興縣志采訪稿

憲台詧核賜以優議予以勸興則倡於前者得蒙褒錫之榮而繼於後者咸奮急公之志矣爲此備由具申伏乞　照詳施行

乾隆三十八年四月三十日詳蒙

巡撫部院三批

查陸凱捐地捐錢以期仰承父志並非有意邀名今舉人甯騎代爲呈請議敘以与該生捐輸之念反有不符仰布政司查例核詳

嘉獎仍候

督堂

學部院批日[illegible]發

見山陰梅湖陸氏宗譜卷二

藩憲詳請議叙示勸將來稿

藩司王稟　撫憲三　竊照山陰縣監生陸凱捐置義田又捐資協助書院社倉塘工三事前經該縣據各紳衿公呈詳請議叙奉憲批云云等因奉此除經飭府查議外本司爲查　雍正十一年欽奉　上　地方偶遇收成歉薄紳士捐資周急好善樂施者應加因　示褒揚嘉着留心体察東公確訪其捐資多者具題奏請議叙欽此又乾隆二年閏九月奉准　部咨直省地方修城築堤義學社倉等公事所屬紳衿士民有樂於捐輸者按其捐數多寡分別議叙候　旨遵行等因乾隆四年間東陽縣監生王煒侹捐修文廟銀一千兩當蒙　題請議叙經吏部覆准免其考職給與主簿職銜𨽻於雙月應班出缺之後遷用錢塘縣捐職知

府許承基於乾隆十四年至二十九年前後捐資八千餘兩亦蒙
題請議叙奉吏部議覆准於得官日加三級紀録二次在案今
查陸凱原呈誠如　憲批止期克承父志原非邀譽沽名惟查該
生捐田四百餘畝場地一千七百餘畝以為宗祠義田又捐錢三
千串以為書院社倉塘工公用統計萬有餘金實屬務本敦倫急
公好義若不爲之題請議叙在該生固克遂其素志恐無以示勸
將來鼓舞继　況查王煒倪許承基等俱蒙議叙今陸凱捐
數較王煒多千[illegible]餘即較許承基又多數千金乃止給匾奬勵
似与　奉　諭旨不甚相符可否仰邀　憲恩准予　題請議叙
之處相應冒昧具[illegible]伏候察核批示以便遵照具詳是否有當仰
祈　慈鑒奉

撫憲三批

准照例敘詳　題請至該生陸凱所捐各項應於詳内備細敘明

以免部詰此徼見山陰梅湖陸氏宗譜卷二

紹興縣志採訪稿

府捐社穀請照條仍分給孤貧各詞

為再陳管見仰祈　憲鑒俾成實濟事竊凱因里鄰多孤貧殘廢者不但歉歲啼飢即豐年亦嘗枵腹心殊不忍因於乾隆三十七年捐錢一千串〻請　前撫藩二憲於本里設立社倉當有議定酌濟規條呈　在案原議杪電嗣於三十八年據前存今故董事陸謙冒、千三百七十石零又捐資建倉存儲緣疊奉前道府委查不敢出借至于四十一年麻溪塘決漂沒春花里人拮据呈　縣出借是年得息穀一百餘石除歷年守倉人工食并修倉修簟及置辦斗斛等費縣主批將息穀八折洏銷自凱捐出之後已經六載本里窮人毫無受益之處而董事出借則有拖欠墊補之患存倉則有霉變守護之累漸致怨歸於凱而現在之董事疊詞求退，縣飭另舉，均視畏途，不肯承允。第念凱之所捐，蓋欲使本里孤貧歲有所資，則里人好義者必踴躍肯同司其事。豈社倉之例每年不能資給窮人，而董事所費以息穀八折開銷，又不能穀，均以為無益而有害，故彼推此諉，穀竟听其存倉。且衆議有莫若餘入常平之意，凱故不得不出陳鄙見，冒昧呈請。伏思穀不出借則利無可出，雖照例不能分給孤貧，而穀亦無增，原成無益之舉。若穀令[illegible]借，於息穀內量為酌給，不特孤貧受益，而穀漸增多。請[illegible]捐之穀，每年責令董事務使存三借七，將息穀派為十分，二分為董事守護修蓋之費，四分於歲底資給孤貧，四分餘倉以備不虞。倘借不及數，則糶陳糴新，亦有加一之利。許董事於每年五六月間礱糶，至九十月買補，仍餘加一之利，以足

其數如此則穀漸增多歉年有助司事者無賠累之虞孤貧者有
資助之望事成寔濟而里人好義者必將踴躍承充而無推諉矣
是否有當仰祈
大人電情詧核七宗遵行殊爲德便上呈
乾隆四十三　廿一日具奉
藩憲徐批
據稟具見惠濟貧乏調劑善後之策事屬可行仰紹興府即行妥
議具詳毋使美舉徒成故事也粘抄附
以上數項具見我　曾祖急公好義踴躍樂輸之熱忱除慨
助塘工社倉書院等計費鉅款三千串外並捐入　大宗祠
内田四百三十餘畝稅地一千七百有奇寔爲恤貧興學起

見迄今一百四十餘年族中孤寡殘廢及無力婚娶喪葬者無不補助倫至逮清季新政疊頒詔各鄉鎮改義塾為學校遵等奉詔稟縣立案承辦歷有年所同里華萼學子程度日深未始非我曾祖之遺澤所致也茲緣輯譜將蕆特摘録要旨并書此以附於後

中華民國丁巳六年舊歷三月日曾孫遵謹識見山陰梅湖陸氏宗譜卷二

義舉

照請清理嬰堂之款項、

绍郡嬰堂董事日前將本年收支造冊報告民事署民事部長程贊清以冊内所列各款有近於靡費應即刪除者有被人拖欠應即追繳者當一、丁明照會該堂董清理茲將其照會録下紹興府民事長程〻尹本月初七日准貴堂董送到紹郡育嬰堂辛亥秋季報冊兩本披閱之下收支明晰具見辦事勤慎至為欽佩惟查冊内有存外欠錢四千六百八十七千零并有宗前董戳收各產錢二千二百九十二千零兩共幾達七千金之鉅自係前董辦理不善所致究竟此等款項或應追繳或應豁免自以從速清理為是堂中多得數金便可養嬰數人若照從前徒列若干存欵名目一無實際実非正當辦法又開除項下有支府南沙房錢帛科山陰堂三月差會稽堂三月差各種節費現在差役已革除以後可不復支又有中元禮懺等錢二十四千餘以後亦當裁革其中秋節酒菜一款雖似靡費然革之似太不近情擬姑仍之民事長意見所及尚望貴堂董相與有成焉相應備文照會貴堂董查照希即將清理款項事宜切实办理是為至要須至照會者以上見辛亥年十一月十一日紹興公報

義舉

育嬰堂派定各紳

育嬰堂前由府尊議定由紳商學界各舉經濟部撫育部調查部董事各一人業於月前分別舉定函稟在案近始由府尊分發照會則改為經濟[illegible]一人為秦紳文治撫育部一人為朱紳文煜其餘被舉各人[illegible]於調查部凡十二人為周葆善錢永康胡毓駿杜子楙周光熙徐元釗徐維屏孫慶初宗能達趙多祝言寶華酈祝卿各紳想以調查部統括經濟部撫育責任尤重故變其方針以多人襄助與但未識有調查之責者能不視為兒戲否（見宣統元年閏二月十四日紹興公報）

紹興縣志採訪稿

嬰董稟陳失管南沙沙地之府批

蕭山南沙朱茂林業沙地前有該邑周嘉榦汪望庚等以嬰堂董事未計公益利害等情具稟各憲現嬰堂紳董以該處新漲沙塗確係嬰堂失管[illegible]地並有先前府單粮串為憑公稟府憲已奉色太守批示爽[illegible]心据稱南沙朱茂林業新漲沙塗係嬰堂失管舊地衆口一詞已無疑義該地不下數萬畝該沙民執有光緒十五年府單與廿四年粮串即為原戶外其餘悉為土豪覇佔化名朦混莫可究詰自非勘丈明確不足以昭實在而杜紛爭此案發生權輿係在光緒三十四年前府任内之事周嘉榦何以不早具稟直至照案行催始据申明原委又復不候丈勘朦請給串其為不能無弊已可概見該董事與廒商各自為計本非聯合一氣而

一在躲還侵地一在杜絶走私究與民業無関均不得指為謀奪也於官幕更何與焉現奉藩運二憲委員會府董縣請丈應俟調查明確再行稟辦可也

清宣統二年七月十五日紹興公報

義行、錫耳夏

金百字祖一別號也亭住會稽平水村乾隆時人善岐黄施医藥所治多奇中名載郡志復好行其德平水為諸曁兩邑入郡孔道自鎮至水涯且一里行路苦崎嶇鳩工甃石為坦途費不資不計也尤樂振興乾隆丙申丙午年間兩次修葺稽山書院捐輸襄理董其事詳書院碑記

張叙沛字如霖會稽王壇村人家貧傭於鄉因村東有溪一帶橫十餘丈為諸曁至紹要道往來病涉沛常欲募資建橋以濟行人恐力不逮因循久之光緒元年沛貨產兩辦苦心募化倡建石橋七洞名曰天寶橋又於橋旁購地建築張神廟一所廟左路亭三間另置田二畝為溪亭施茶之需越八年而工竣溯源而上至清

紹興縣志采訪稿

溪又建石橋九洞名曰會源橋其時洪水暴漲王壇天竇橋兀兀將傾沛赶赴橋上對天默祝陡見水勢洶湧橋雖幸存身竟躍入波濤意欲与橋俱殞適時怪浪頓平沛滾流里餘遇救得生仍堅志督造會源橋並築亭三極越十二年始得成功家中毫無私積傭工謀食終其身迄今莫不頌之

天津縣人李明遠等創立澤氤社道光十九年天津知府恒公春捐錢一千緡交蘆商王蓮品發典生息以助義舉咸豐十年挑築濠牆同治八年修理河隄氤棺暴露先後掩歸義地者幾二千具同治八年王蓮、交嚴任波經理每届清明節徧歷四鄉修補瘞埋俱尉文輔　事文輔字鳳池浙江山陰人

以上見天津縣志卷八補編

紹興縣志採訪稿

徐維則自都門輯錄

程錀

程錀字北堅，晚年更字果菴，浙江山陰人。咪年十六來天津，遂寓焉。少孤，事母以孝著。長而博極羣籍，撰有班管録七十餘種、豹隱齋詩文集若干。生平好施濟，遇匱乏者，雖旅邸傾囊贈之。從兄有無子者，代侍親，為奉養。客粵西，有挈妻子而病於逆旅者，錀為資給之，凡數年。有女名德輝，以節烈著。傳詳列女

以上見天津縣志卷十八人物傳

徐維則自都門輯錄

酇世澍

酇世澍浙江會稽人僑居天津食貧勵學屢試不售嘗訓子廷本曰讀書吾家事不可廢也又曰覽宋史范文正公義田一事人有贏餘所當踵行　自識之中年賫志而歿妻陳氏茹冰食蘗備歷艱辛撫本成之　承父志教授鄉里不墮家聲數十年來省衣節食置有本邑後補屯田民地二頃零五十八畝五分遵遺命請輸之義學為諸生膏火資有司具詳　上憲旌之

以上見天津縣志卷十八人物傳

徐維則自都門輯錄

鄉祠　在戸部街北原鎮倉關帝廟遺址康熙七年紹興高啟泰合越人寄居天津者捐資重建為鄉人聚會之地乾隆四年知縣朱奎揚(山陰人)重修

以上一天津縣志卷八

徐維則自都門輯錄

掩骼序

蓋聞樂善好施在乎一心然收埋數千之骸骨非有輸金司事莫能為也今夫胡臨絡地在數莫逃由是遭砍斃而卧道旁經被戕誅而拋水面[illegible]不勝慘愴聞之亦所憫惻故吾同志爰起善舉之懷即備工[illegible]成素旐徧挂鷂頭四方搜羅買山而瘞并使男女攸分共安泉壤亦出於心之不容已爾是為序

咸豐辛酉歲仲冬上澣

尊義會碑記

掩骼之後復設尊義會者為妥靈計也憶自咸豐辛酉年冬西匪竄入紹郡人民驚怖奔走不遑有遇賊而戮於道者有遇賊而迫於河者有遇賊而不忍受辱而仍歸於戮者枕屍野遍目擊傷心

伊時雖有諸君子各輸囊金共收男女屍骸五千有奇置山數畝兮造而瘞究之鬼猶求食不立其祀無以為盡然盡美也傳曰實沈臺駘為祟又曰黄熊入於寢門鬼之為厲明有可徵今以數千之屍葬於茲土天地為愁草木淒悲弔祭不致精魂何依安知不以餒而興歎而有礙村民乎癸亥春克復紹郡後幸有亭後村姚氏不以非其族類不歆其祀相誘復踴躍喜助祀産同志者有蔡君　轉託於[illegible]杉麓而色君又力不足既慎厥初欲圖厥終復沿門托鉢數年[illegible]有以好事之說謝之者然色君豈以人不樂從而遂靡不有初鮮克有終哉於是邀同姚氏蔡氏議定致祭條款并祀産細號一一鐫列庶幾歷年奉祀而遇難諸魂不至有餒而之歎也然是會也秖以艸艸成祭後有樂善好施者見斯碑而同

有妥靈之心其亦可以增其規模矣乎是為記

右序一記一錄自包越湖所藏尊義会祭簿中越湖即記中所稱包君杉麓之子杉麓名君錫是年掩埋遺骼五千餘具以葬於柯鎮徐家塢其餘均葬於項里杉麓既掩埋仙復為募貲設尊義會每歲祀之亦義舉也　世諾識

紹興縣志採訪稿

紹興縣志採訪稿

霍太守諭禁軒亭口琵琶井觀音閣茶亭通衢河埠等不准

居民攤戶堆積穢物出示勒石

候選道浙江紹興府正堂兼世襲輕車都尉隨帶加三級紀錄十

二次霍　為

出示曉諭　據職員姚孝連世職余芬稟稱竊照軒亭口地方有三種古蹟一曰琵琶井便民汲食二曰觀音閣之茶亭濟施行人三曰通衢河埠益於水利皆是先代善舉因被髮逆所毀未曾建復按紹興府誌琵琶井在軒亭口西先是湮没已久順治庚子冬火灾後井始出由職先世會稽學庠生姚奕買為義井今職等集資整修以便居民汲食查觀音閣之茶亭在軒亭口西建自前代向來供佛施茶因被逆毀同

治閘由職員鄒益昌爲首集資移建於東首河埠之上茶亭舊址改造民房歲入租息作爲施茶經營本亦盡善今民房已焚惟改移以來似覺街市漸衰兼之閣冲河埠糞船停泊穢褻神靈今職等邀集妥議擇吉將觀音閣茶亭仍建原處而復舊典施茶經費由職等另行集資至東首河埠乾隆間由山邑余載美捐資建造濶有丈餘因鄒益昌建閣之後閣下有腰[illegible]塞以致河埠狹窄兼被攤戶人等堆積雜物有碍行人[illegible]今春火灾時往救取水爲難擬將閣下腰牆拆去僅留其閣似此河埠開濶如初職等爲濟利居民起見伏乞恩賜示諭勒石以垂不朽並請嚴禁攤戶人等不得在河埠附近堆積致碍水路等情具禀到府據此本府當以該職等

集資修整義井並將觀音閣茶亭移建於軒亭口西首舊址
仍留同治年間鄒姓改建之閣拆去下面腰牆以通河埠施
茶經費另行籌集既為利濟居民起見應准照辦除稟批示
外合行出
曉諭為此示仰該處居民地挑以及攤戶人等
知悉爾等
知此次移建觀音閣茶亭於原處以復舊規係
為利濟居民便於行人起見爾等攤戶不准再在該處河埠
附近堆積雜物致礙水道倘敢故違一經訪聞或被指控定
行嚴提究懲決不姑寬各宜凜遵特示
光緒拾五年四月十五日給

義舉

育嬰堂之會議

育嬰堂前由太尊分發照會派定三部職員初二日復由太尊邀集各人在堂中會議辦法經濟部秦紳文治託故赴杭不到遂由調查員中公議　舉經濟部董事當行投票以酈紳昌祺爲多數當選惟聞有人　不遂己私尚冀設法破壞夫以前次之辦理不善經太尊苦心調停公舉辦事之人今甫有頭緒顧全公益者自當以嬰命爲重奈何尚以滿腔私意行之所願任事者不避勞怨斟酌完善毅然遥行勿爲小人所動也見宣統元年三月初五日紹興公報

義舉

蕭太尊為育嬰堂事通詳省憲文

為據實詳復事本年三月十八日奉撫憲增批發紹郡育嬰堂職員杜思壽禀正紳告退現舉各董人品流雜由奉批該郡育嬰堂蕭守如何更張、據禀報有案據禀現忽加調查員十二名人品流雜從事逢迎希　示指等情是否屬實仰紹興府迅即將辦理情形詳復查奪粘件附等因奉此伏查紹郡育嬰堂規模頗廣事務殷繁款項亦鉅歷歸紳辦視為利藪其中積弊愈久愈深光緒三十四年經董何紳琳因服官禀退經孫前守照請前任委安徽亳州知州宗紳能徵接管宗紳承認後各界已嘖有煩言死嬰之衆慘不忍聞紳氏迭控　紙訟訶甚至紹興城鄉婦女稱子有育紳堂之謗宗紳於是迭次告退孫劉兩前守先後會紳開會公舉接管無奈各紳存亂門無從（過）之心卒無應者冬間知府谿任復據宗紳續請決退另舉正紳接辦益亦怵於公論遂即開會集議緣一日之期過迫各界紳士未能各紳（伸）意見柬約七日以內各具意見書以資考察然後開會投票公舉直至本年正月紳商學三界意見書先後投遞其間攻訐宗紳者約居十至八九於是由各團體公舉十四人知府若再留宗紳勢必代人受過遂令紳商學三界所舉公別撫育經調查三部財產入在經濟部始舉秦紳文治接辦秦紳堅不承言復又舉酈紳昌祁接管三月初二日議定交接宗紳倡言必仍握圖記簿據方可有報銷未及數日育嬰堂捐啇分佈傳單以酈紳之舉僅有十人投票共得四票以為佔多數其實衹有十人所舉未能合格斷不承認等語（自）此反對舉定調查撫

育各員亦紛紛告退此次嬰堂經董宗紳自行告退另舉正紳接辦俟舉定仍忍不能予並非知府更張之實在情形也惟宗紳之意不特並無退志竟以目的未達大有後言知府遂即將宗紳迭次請退並非官、更張原因宣布牌示一面傳諭各捐裔是何宗旨僉稱公允並刱意定於本月十二日未刻在嬰堂第二次交接公議捐裔亦可隨同調查是日午刻忽據宗紳以到堂後捐裔將其戳記錢摺簿據恃蠻搶奪等語來府面稟知府因詢姓名以便追究該紳又以均屬同好不便說明其為粧點不問可知實欲長此把持逾二日遂有同宗紳在山陰公益社之徐紳元釗以捐裔平鑑川送到嬰堂鈐記一件簿據六本錢摺子四個聞係宗紳處取來必欲暫存等語具函前來知府告之紳者均不承認此宗

紹興縣志採訪稿

紳依期不交忽起衝突以致嬰堂經董懸而未定之實在情形也復查捐齎出首者為杜恩壽平應治平國治羅端裳朱啟泉賀祥珍田裕承張福鎬謝熙雍張裕光共十人其實紹郡育嬰堂之大甲於全省當時捐款興辦何止該杜恩壽等十人之祖惟杜恩壽等甘受宗紳發縱指示耳察核前後種種情形变幻莫測但宗紳之不能再管嬰務及各界之不認宗紳已彰明較著無可轉圜自應會集各紳再 女議另文詳報至杜恩壽稟稱現忽加調查員十二名人品流 系從事逢迎希圖染指一節查調查部十二人係由紳商學三界公舉係孫紳慶礽徐紳元釗杜紳子楙錢紳允康胡紳毓駿周紳光煦周紳葆善趙紳多祝酈紳昌祁言紳寶善徐紳維屏宗紳能述或顯仕歸田或名門佳子類皆科第簪纓詩書

舊族且宗紳乃弟亦在其列何謂人品流雜以此為流雜杜紳亦不得謂世家之子矣近來立憲大振紳權膨脹官欲整理地方庶政何事不俯就紳情藉資臂助逢迎二字非特知府素所不取即紳等亦何肯降心[illegible]求調查員由各界公舉非知府有所愛憎實無布圖染指情事

本前因除將嬰堂經董會紳舉定另文詳報外理合具文據實詳復仰祈憲台察核俯賜批示祇遵附藩憲批據詳已悉仰將嬰堂經董會紳妥協舉定另文詳辦事關善舉勿得稍存瞻徇致滋弊竇是為至要仍候撫憲暨縣司巡道批示繳

為附文詳請事案照紹郡育嬰堂存款為數甚鉅紳董挪用積弊頗深採諸輿論有謂置產則價重業輕存息則有牌無店種種腐敗言者鑿鑿此次宗紳能徵交替款項若仍交後董接取非但賢

紹興縣志採訪稿

者無以明心不肖者因而染指亦恐一片整頓苦心無以對越民現值全浙鐵路需款孔急之時不若移附路股歲息七釐足資應用既不完糧又無修理發息有期年成無豐歉與育嬰用款毫無窒碍不見可欲使心不亂是誠有利無弊之舉應由宗紳將現款悉數交出一律購股又查光緒二十八年間嬰堂董事謝紳鳳書交替嬰堂時係奉前撫憲任嚴諭勒交此次應如何辦理之處出自鈞裁理合詳

仰祈憲台察核批示祗遵附藩憲批據詳已悉所議將育嬰堂本移購路股足以息覬覦而裨公益於事理極為允當仰即於會紳選舉嬰堂經董時一併提議勒令交款照辦可也仍候撫憲暨臬司巡道批示繳（見宣統元年四月二十六日紹興公報）

義舉

浙江旅滬學會覆王人驤函

一乳瓶每嬰須備兩個每飲一次必洗滌一過（用熱水）乳頭另置乳瓶倒置架上乾後再用如用長管者皮管每次用洗管刷洗刷乾净但不可燙皮否則敗乳吸入嬰腹起吐嘔或瀉痢等症無法施治　一乳頭後須捻圓倒置桌上流乾水頭不可使扁亦不可翦入固有之孔　一初生嬰每次用乳淺匙用（和）水半碗以後漸加至六月每次改為一滿匙沖水一碗熱度適宜一次所餘者下次不能復用一碗之容量爲二百三十格蘭姆　一飲畢即將乳瓶離開嬰口否則睡醒即（飲）冷乳因之起吐瀉等病且乳頭含扁不能適用　一乳色帶黄者萬不可用罐乳之最佳者每箱價十二元計四打堂中所用者之商標附上　一衣服如無吐乳等事

每星期易一次自毛衫以至棉襖被褥皆須拆開洗洒如有吐乳等衣服有溼即行換去否則即為致病之源　一嬰宜戴帽子以免傷風　一寒冷時每人用熱水瓶一個乃至三個以助溫度（現在尚用一個）　一嬰宜用小床勿用籃（堂中所用小鐵床每只價五元）因籃太窄不易流通空氣易生痧症及他之疾病　一室內冬日宜用大爐常保百度表二十七八度之溫暖時時開閉窗戶使空氣交換而[illegible]不直入夏日宜洞開窗戶但不可有日光直射或大風徑吹[illegible]之嬰不堪抵抗故也　一每嬰一口宜備手巾一方即掛床側以免疾病之傳染　一嬰有病者速即遷入病室尿布衣服亦須分開因嬰體質弱易於傳染且一得病即萬難施救　一嬰患赤眼宜用硼砂水揩眼皮內部否則必致失明　一

殤嬰之衣服被褥帳子尿布須經煮至沸度水內稍和加波列克床及器用物以硫磺燻過方可再用　一室內日灑滅臭药水一次以防疫癘　一女傭一人管理十嬰最為適宜（專司衣食之調護）能者至多可言二十四嬰　一洗布〔衣〕服尿布及掃除宜各立專責斷不可令管　者兼任一尿布每日宜用沸水洗一遍

按調查時堂中嬰孩共六十餘口病者七口無病者皆肥胖可愛無異親母哺乳者其病者中有四口亦尚肥胖視之不知為有病詢之係食量減少微有腹瀉者據云進堂後三四日無恙者調護得宜可保無恙者〔管〕理者係一法國處女年僅二十左右耳其視嬰孩不啻親母之愛其子精神振刷愛護備至知渠係為嬰堂所委專事考察者故指示一切頗為詳細道謝告辭而

出二月初四日黄守蕖記見辛亥年七月二十七日紹興公報

義舉

關於嬰堂交涉之藩批

本郡育嬰之堂交涉日前復由捐裔杜恩壽等先後具禀省台茲奉藩憲顏方伯批示二則照錄於下　此案已據禀奉撫省憲批司飭府查照前批會紳集義詳辦據禀前情仰新任紹興府包守查照另札辦理前禀並發　已於該捐裔等復禀批示矣仰新任紹興府包守查照另札併案　詳察奪粘存　見宣統元年八月廿七日紹興公報

紹興縣志採訪稿

義舉

育嬰堂新董改請秦紳

自徐子祥君索借嬰欵不遂串釀風潮前董告退酈君竹卿等與徐子祥君違章逾額求入調查部人率由伊等舉酈為經濟董恨我捐商等不肯承認輒即函牘官長尤敢非分請求牌傳壓制蓄圖朋比侵漁同　念創守之艱嬰欵之重彼爭愈力我保愈堅節經具稟並呈說帖奉府諭知若輩營謀各情飭向子祥君詰問先後登報布告旋奉太尊親詣改請秦錢諸紳同人亦即勸駕稟換二十日下午太尊至堂議由山會兩邑尊再為往請以便照會接辦又議未到之先可由兩縣暫管徐吉孫君等贊成邑尊以不如速請董事為辭現聞秦君已允認經濟董事並由捐商內稟舉報調查員若干捐商監察維持由來已久此舉尚須妥議其時酈君等與

徐子祥君隅坐太尊因　求充調查妄請牌傳諸爲所誤遂當衆指數歷歷加繪若輩盡思太尊既經改請秦紳是已廢棄鄙君且種種營謀前已敗露何猶利令智昏執朦請已廢之照會厚顏入場自取指數之辱耶本城已於廿二三等日另行刊布茲恐各處未及周知並聞有浚代道員者蓄意破壞捏造情由倫帶節略赴省以圖顛倒是非用特登報廣告見宣統元年三月廿五日紹興公報

義舉

浙江旅滬學會覆王人驤函

（上畧）我紹育嬰堂嬰兒多病由於調護失宜上海近年慈善事業進步異常想必有可取法者乞代調查賜示爲盼（下畧）　謹覆者來示敬悉上海育嬰堂亦與内地無異惟徐家滙聖母院育嬰堂管理稍善該堂係天主教中所創囑代理調查一節因該堂管理者皆女教士頗爲不便兹覓得嘉定黄守　女士調查報告書録呈以資參攷　一堂中分數部　僅注意其最初部（初生至四歲）　一管理大要不外飲食調匀温度適宜及一切清潔三事詳細方法列下　一牛乳人乳不可兼用若兼用之則起腹中結核症及腹瀉　一臍帶離臍二寸剪斷（剪刀須先置沸水中煑過）用药棉一團（直徑三寸許）中通一孔將臍帶由孔内穿出蟠於棉上再覆棉

一塊用潔白絨布綳好據云如用舊法易起臍風及腹部受傷臍帶發臭等病　一臍帶至三日須察看大率脫落後用沸過溫水清潔絨布揩拭臍部然後仍用药棉絨布綳好三日一換嬰兒腹風常宜注意溫暖清潔受寒患吐瀉等症不潔起臍部驚風等症

一進堂之日將全體揩清潔以後每日洗面及下體各一次下體洗後須揩乾再用撒布劑（澱粉亞鉛華等分）　一口內用药棉揩洗一過如有[illegible]口須將棉染甘油日揩一二次五六日可愈否則不便吮乳致殀不幸　一四月以內之嬰日中每閱二小時飲牛乳一次四十時換尿布一次晚九時飲換畢至明晨四時半再行飲換飲食失調尿布多溼即為致病之源　一四月以上尿布有溼即換食物可兼用米漿但不宜太厚致若麵糊六月以上每

間四小時飲乳一次兼飲粥日三次爲度及歲可食飯及鮮牛乳

一乳瓶舊式之有長短管者難於吸飲多傷氣力不易肥胖且難

於洗滌有宿乳在管內飲之即患吐瀉等症管有破孔即走氣不

能用故宜用新式無管者每個價六角見辛亥年七月廿六日紹興公報

育嬰堂董逝世

紹郡育嬰堂經濟部董酈君視卿於初五日作古想又須公舉董事未識再致如去年之起風潮否

清宣統二年正月初八日紹興公報

批留嬰堂經濟部董

嬰堂經濟部董周紳巖因年老告退由包大守照請鮑紳德馨繼任鮑紳日前亦以辦事為難稟府辭職當奉包大守批示挽留其詞如下郡嬰堂為八邑事慈善事業經濟部有出入維持之關係全在經理得人[illegible][illegible]周紳既因年老告退斷不可一日無繼任之人本府來此經年素知貴紳歷辦公益輿論翕然欽佩良深此次照請接任以期整頓本府寔嘉賴之還望保赤為懷任勞任怨勉為其難弗再固辭以裨桑梓而重嬰命是為至要幸照會戳記仍送

清宣統二年八月初二日紹興公報

紹興縣志採訪稿

育嬰堂經濟部董周巖稟撫憲文

爲整頓嬰堂清理産款事

（上畧）竊近年嗜利之風日以滋熾海宇多故閭閻不靖大率由是史遷所謂利誠亂之始者蓋古今如一轍也自謝前董鳳書於壬寅歲以積弊甚、 奉前撫憲任中丞嚴札撤退而中丞前引疾而去相繼爲堂董者亦未能大有整頓然如宗前董能徵之陽退陰持風潮大作至于年餘不息不特吾紹前此未見即他處亦罕有所聞此嬰堂風潮之紀畧之所以輯也岩 杜門卻掃從不預外事之庸紳七十有九奄奄垂斃之衰耆尚何能徹土綢繆鼓努爲力以仰副賢大守賢士紳相與鼓促之盛心任事以來惟怠弛夫職是懼幸三孫智濬尚能黽勉服勞隨時贊助除今嬰堂以二十餘萬之資付諸一人官長以優禮相加莫敢指摘儔類以之醞得惠遂與比周故弊愈積愈深其必至傾覆隨之者可斷言也岩試取其弊端歷歷舉之嬰堂司事不同書吏之嫻習案卷存失不能悉資為根據若田房各卷則要之至矣而亦苟簡紛歧或契據不全或契據全無或但有白契或白契而字不成体有似偽造或出主並非真名設非堂產構訟必多完納丁粮並無戶單祇董事與庫書交接有遺遺者任之故堂中存串與流水各簿難以盡符經鄺前董開列戶單存卷大致可考茲又將一葉中所有契據等據竭數日之力悉為粘聯一起騎縫蓋以印章或征楣太重尚有別契足証者間亦不為粘聯若與册載不符則於册內註明示非他人之有抽動皆所以為後董地也復有數端一為徇情濫戳以獝

磽瘠濫惡之田房博優厚逾常之善價或戳者竟爲董事之化名一爲徇情濫借或酌人之情或市己之惠或爲人所挾能償者什三分能償者什七一爲以堂款置堂產公者無論矣存私之弊與濫戳同一假工作爲侵漁此弊不潔己者類然而嬰堂近無營造惟修葺浮冒者〻之四端皆堂內之弊見於風潮紀畧嬰堂爲一郡之大善舉事掌遠蹝兼擅勢位故捐助必在嬰堂堂董攬以入己從不聞有捐主爲難此弊遂不能絕殆風氣使然不可解也不知不作弊即爲革弊收名更易於收令亦惟弊不革者則亦利不爲興何與言之蕭邑朱茂林棗沙地乃嬰堂創立之絕大恒產也光緒十五年霍前府會協省委楊太守澈底清丈辦理甚善其時堂董雖爲謝紳而擘畫全不由謝廿七年以後漲坍之地屢有清

丈則皆由蕭紳主郡郡董惟坐嘯圖安隨相距既遠不似蕭紳之情形熟諳且利其苞苴即不復顧公益此土豪私佔之所以無忌也蒙季等事則勘丈南沙因而利之正為要舉若支離昏瞀不復能遠其志愧疚何言幸交替有日茲就耳目所及思慮所到酌擬經濟部規十五條以廓清夙弊責有所缺如其可行求再加以增損俾臻盡善（下略）

清宣統二〻九月初五日紹興公報

驛站之陋規如是

日前蕭山縣西興驛丞梁繼元以裁撤船隻代馬船價無着乞請酌撥船捐養船專遞公文通稟省台可以見驛站之先後情形特詳録之竊西興驛為浙東入境之首站西連省城東達紹郡離山陰縣西門外蓬萊驛九十里中間並無腰站凡京外各省發甯紹台三府屬公文向由仁和縣武林驛遞至西興驛接收挂號撥夫轉遞山陰縣蓬萊驛收轉甯紹台三府屬省城各衙門各局所並蕭山縣屬公文由蓬萊驛至西興驛接收撥夫赴省並蕭山縣城内外及閘堰臨浦義橋河莊所前各鎮市分别投遞若省城以外公文亦由西興驛馳送武林驛接收轉遞下站驛中不喂養牲口置備車船投遞公文或以夫代馬或以船代馬有時接遞包報百

斤千斤不等遞夫勢難肩挑西路係飭旱夫帮送東路並蕭山各鎮市加雇船只裝載又以陰雨泥濘或水漲没路橋路不通尋常文包報遞夫不能長行更有部文及排單限行文報恐誤時刻均須隨時添雇划船代馬赶投另行給發官價咸豐以前章程因匪乱案卷遺失無從查考同治初年省城克復投遞文報因划船散漫無稽特設代馬船夫二名由驛點充遇添雇划船之時責成該夫頭派遣隨到隨遞不得片延無論船只有無及多寡之時概照官價給發名曰小船埠頭投遞往來文件另雇書手逐件登號所需號簿并各色紙張油燈燈籠包袱雨傘油紙草鞋等項均須預備足用驛署燹後被燬賃租民房辦公書手工食房租并一切因公雜用均無款可支當由驛丞在原編驛站銀兩項下籌畫彌補

計每年歲入一千四百卅餘元歲出一千七百七十餘元尚短三百四十餘元已於宣統元年申送清理財政文內開具清册并清摺声明呈送在案不敷之款將餘銀二十六兩六錢六分六厘凑用不敷外均係向莊店及親友息借典賣衣物彌補此係向章如是駟丞固不敢云云請增添惟現在諮議局提議禁革地方差徭第二條規則各衙署專設承辦差徭之行埠等一律裁撤並不得再有給發官價等名目是代馬船埠亦應在裁撤之列但西興駟接遞往來文件之多為浙東第一無日不需船代馬從前相沿給發官價公款尚不敷支銷一旦改給民價平均計算已須十倍曩昔若遇時忙船少此輩以差徭已革官吏無強其承值勢必格外勒索是使駟丞於賠墊之中又多此一層賠墊卑卑小官何以堪此

且馹中接遞公文功令森嚴難延片刻既無埠頭以專責成設遇船戶刁難尤慮稽延時晷馹丞更難任此重咎近聞本鎮紳董公稟批抽船捐餘入地方公用併將划船一項列入窃以爲當時馹中以划船代馬儘給官價乃藉以遞文報非私取於民也現在紳董之辦船捐儲爲地方公用亦非私取於民也則同一公爾非私馹中代馬船價不敷之需似不妨就以船捐項下酌撥協濟每年提款若干餘馹作爲雇備代馬船隻之用在民無差徭之擾在官無賠墊之虞以公濟公亦情理之當馹丞爲代馬船改差價爲民價公款不敷支銷起見合無仰懇憲恩俯念遞送文件在在均關緊要馹丞經費無着難爲無米之炊可否俯賜准予核入紳董請辦捐船案內酌量撥濟專養划船大隻專備遞送緊要文件以維

䘏務而恤下僚

清宣統二年四月十九日紹興公報

紹興縣志採訪稿

衙廨署

稟修府署之藩批

日前本府邑太尊具稟省憲略謂府署建於卧龍山大堂即勾踐故宮規模宏廠東西兩廊房料為存儲檔案辦公之所乃因地處山麓潮溼薰蒸蟻蝕霉朽曾於二十一年間霍前守修葺一次迄今十四年之久官更數任並未興修本年雨雪過烈大堂右首坍倒東西兩廊大受影響岌岌可危蕭前守於三月間開工督匠修葺工料尚屬堅固所需經費係在沙租項下動支開摺補稟核銷等情茲奉藩憲顏方伯批云此項府署修費據稱在於沙租項下動支究竟該府經理前項沙租起自何年每年額征若干向係作何支銷是否報部正項錢粮未據切實叙明至府署修費既係動用公處亦應將修過處所詳晰聲叙取具承修匠役保固切結由

該府查明工竣日期一併補送核銷仰即遵照分别查覆詳辦毋稍含混切切見宣统元年九月廿四日绍興公報

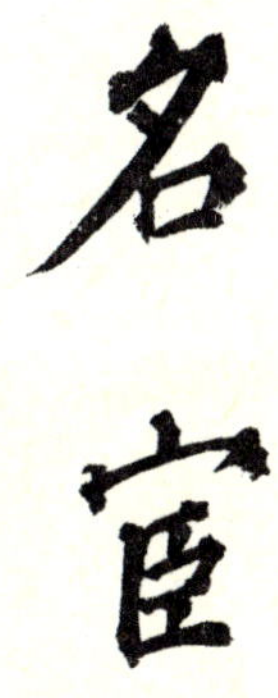

目録名宦

廖宗元傳

繆梓傳

徐榮傳

包楨傳

卓大林傳

茅鐏傳

劉尚書麟

周鼒

丘仲孚

南紹興元善

蔡景歷

傅隆

褚玠

唐故越州衙前總管杜府君墓誌銘

沈憲

吾粲

賈至授崔寓給事中制

陳紹興勳

文種

干寶

父疾去職議　鄭鮮之

大洪小洪

王淮之

河南布政使許公傳

乙酉夏讀書會稽龍眉山許子巨山客留郡城能仁寺閲一載矣余生平未之識也一日介余友刘君子志委作尊人藩臺公家傳將溯流從余山中時繁暑子志為余辭以仲秋相見而聞巨山期余甚迫余心亦未嘗一日忘巨山比八月下旬尋子志約則曰巨山先一日死矣余駴而走之野哭之慟於子巨山吾死友也死友之孝思不可負況公遺愛在越其灵爽異于他賢不以余布衣之言鄙遺因感慨歔欷拜成公傳惜不及巨山生時示之面咨公居恒常佃大事以為恨余終負巨山也夫

公諱弘勳字元功其先鳳陽五河人明洪武中始祖諱定以軍功

授指揮使守遼陽遂為遼陽人終明世襲指揮職而公王父諱惟
曾折節學向為博士弟子考諱爾顯字耀寰官至都督同知初從
平南王尚可喜攻取五島航海歸命陞一等阿思哈〻番從攻中
後前屯二城加拖沙喇哈番又從征廣東功陞精奇尼哈番子孫
世襲都督為將善機變有威重當李定國陷桂林定南王死節其
兵疾如風雨柳州守將全節梧州守將馬雄及提督線國安皆走
廣東定國進陷柳州平樂梧州胡一青趙應選馬宝曹志建等皆
出自山谷環應定國定國北敗敬謹親王于衡州明年遂至肇慶
時都督守肇慶内外隔絶定国洩城濠三面急攻用布囊盛土為
墻置木柵挨牌藏鳥鎗以拒内兵陰穴地道城中洶懼都督亦塹
濠城中以待俄城奪梯隨方拒禦會郝尚久反潮州東西擾乱請

南王耿繼茂分兵屯三水備尚久而可喜叛肇慶閱月定國解圍去事平論功都督為最都督生五子其三即公公性平恕喜讀書懷經世大畧循理處善不事細苛十三歲為諸生甲辰康熙三年以父廕刑部陝西司員外郎平反斬盜之誣服者三十餘人力請之尚書盡得宥釋乙巳陞兵部車駕司郎中定勘合則注明時地遠近支發夫騎多寡之數宿弊革清戊申陞知順寧府順寧窮邊無縣郭外皆猓猓堡寨性嗜鬬殺公至宣布威恩簡刑清政以善化導朞月之間更相向勸曰使君兒女撫我又雲南藩下人依威凌橫民無控告公上白藩撫府請如律便宜收案由是稍戢庚戌都督疾終廣東奔喪民遮道扶携送公癸丑服闋補紹興府始到解去前政繁密專務寧息日与客登臥龍山亭飲酒種花明年耿精

忠反福州浙東羣盜亟起延及紹界其年七月諸暨嵊縣之盜合數萬衆直犯郡城公聞賊且至去太守冠服服短褐持尺刀周視城垣亟毀負郭民房撤濠中木筏列砲石城上寨東南稽山門防賊闌入乃挑保甲鑄戟劍立什伍親教止齊步伐婦女聽出入毋過人有定志賊至則挺身先上麗譙民競持仗不呼而集亦且數萬公命紳士分門登陴絡繹警察乃歷巡各堞均給餐飯人人歡呼咸願死守賊至稽山門知有備轉攻常禧門何守備戰于班竹菴不利而退賊遂圍城時鎮將玩寇方合婚置酒張樂公毅然曰古太守任兼文武我當受難乃出家丁及民壯合數百人分兩道而出斬首百餘級賊益蜂集勢危甚公身督戰臨矢石衆爭進鏖賊賊屍橫野移柵五雲門縱火燒民舍烟焰迷日奸宄有謀以城

應遂欲劫掠富室公命戶選壯者拔刀操门晝則興販夜爇炬止行者違禁突出用賊諜論羣黨因不得逞而是時城门驟閉米價驟頓貴乃命殷戶各即本坊行賑更發帑金市米減價平糶糴城中賴以全活次日賊雲梯攻五雲门幾入公率壯士啟门出戰賊矛如蝟砲雷震公率籐牌陳勝等左右翼擊自辰至未凡數合賊披靡追至五里鋪而還賊猶收餘衆攻圍公連日援戰寢飯俱廢者四晝夜十七日會城援兵至始解圍逾而援兵宣言賊已入城欲放掠公力爭不可曰紿民為朝廷城守盡忠城中安得賊寧殺太守毋負吾民也至長跪以百口為一郡請命且出家財椎犒竟得寧釋民老幼號泣曰始出我于寇既出我于兵我父母也立保越碑紀公德八月郡兵東討上虞餘姚擣大嵐山公處破賊日山民

橫罹鋒刃乃隨軍親行先遣人持榜曉賊：亦感泣曰罪死不赦必明府親至乃敢降軍吏羣白止公公弗聽從二童單騎抵賊營反覆開譬大嵐之絶頂曰石窓日過雲過雲之巔有雲南雲北寺曰杖錫飛烏望崖而返賊憑之爲老巢公皆歷之其渠長羅拜獻漿飯公南向坐食飽則出賊相顧心折明府神人也不往則乃非我盡燒營砦領衆隨出師未踰月大嵐以平遂經營新嵊之寇冬月偕滿叅將由仙巖取道進攻長嶺連破長樂太平開原蔡嶴諸砦賊勢大衰至桂門山班師計陣斬及生致文武官各數十人賊首數千級獲軍資刀械無算公輒慨赤子蹈水火列榜招諭降其餘衆萬餘新嵊悉平而前所遺僚屬分將西擊蕭諸羣寇者亦皆克捷八邑奏寧宇焉是時武定相國李公之芳開府衢州總制閩

浙工公前寇恤民恩績乙卯陞浙江按察副使分守紹寧公以四境粗定民莫休安治以無事乃修濬亭池種花如故而李公調公軍前籌措兵食處以賓友之禮公感其誼知無不為時收復台處温處金旁邑婦女離散或為亂兵所掠聲號顛踣千里相望公請于李公為出官俸求贖尋其父夫具符傳遣之又設粥廠數十區分賑流餓及于明年春麥耕者復業民乃得濟又軍興行五凌鑠民庶動以通賊為辭守把以下斬級積勞多見遺抑公悉為白請制府嚴覈詳録李公恩化大行己未奔祖母丁太夫人喪廣東迎殯紹興郭外遂寓家于紹積書至數萬卷分數十麓牙籤展校每至丙夜然惟講求古今人物治亂典章承華師其大意要于時務可行汲汲論交無間門第地舊治有請以客礼見者躧履迎之未

嘗辭也最喜刘生士林子志曰君當勉卒景行毋墮蕺山貞孝兩先生遺教癸亥補福建按察副使分巡延建上游四郡卒墾山爲田無畝分號數貿鬻田者不能除籍代富家輸粮當役莫之伸理公至下其事于縣悉行更正又建灘舟中流劫求盜不獲捕城至省會數百里時被其害公謂盜必勾通船户著令船必編號明註船户居籍小票客子姓名及雇船時日所到地界牙家清簿繳覆建灘遂無盜警甲子陞陝西布政司參政總理粮儲鹽驛諸務驛路清治粮米四十餘萬石草料一百餘萬束並蠲除耗贈均一支收秦中稱其廉平丁卯陞雲南按察使滇中前受藩下人戚虐吳氏既没怨家乘時報復詞案堆盈多告逆孽漏脱公更爲原反畱定籍業散隸農伍人情始安又以偵捕營卒之謀不軌者僇其渠

逆餘不窮竟凡寬嚴得中皆此類辛未九月陞河南布政使適豫
省大飢舍車乘騎疾驅而進一日夜驅二三百里比到髀肉皆脱
遂篤疾以明年壬申三月二十八日卒于藩署年五十歲豫人哀
哭訃至吳民袒免降食如喪其父劉子志曰吾侍公久而見公
之事親孝体国忠与士大夫恭信有礼下逮寒士茍善一藝無不
容接急其厄而憫其災王父母父母忌辰垂涕凄鳴咽奉饋登告
居喪斷葷肉屏婦御絶音樂以三年常其遇諸父昆弟喜戚与共
有臨過差怡氣規導恩教兼至在官視其事之繁簡易劇時之常
變以為勤逸伏枕吳寐惟念民艱胸無留事座無留牘三十年通
籍無數畝寸椽之業以庇子孫垂没搵某手告以所展設弗究意
念深矣如公者誠可謂具剛柔之則全礼智之量鄙人所見未得

名宦 紹興縣志采訪稿

其亞余閬子志言追維公曩者臨越之事無不然公巨容儀秀鬚髯洪鍾声自奉約廉与人無競恂恂如不能語及決大疑議引經據律若燭照數計而龜卜又工楷篆通諸家書法樹琴圍棊几窗容与想見風采焉

論曰昔蔣琬龐士元皆非百里才陶魯爲縣佐不治後遭事會俱建功業若公之仁心浹于黎庶動止一遵彝教所謂儒者之器又非特如魯比也守越時修復朱王諸書院先正毛忠襄孫忠烈張陽和陶石簣等每過其祠必拜雍容被服与民敦行古禮皆以身率使得覓其志用庶幾乎周漢之風俗可與天奪之速惜哉

見紹興先正遺書文集三

胡氏家傳

會稽郡守以湙事實

横路珉三府君之七世孫諱鏡改名貢明號天目者抱負不羈之身以醫遊燕地崇禎二年隨清兵而北及至 本朝入關定鼎得膺泗州牧先在佁時已娶馬氏生一子名以清中武舉任高郵衛守備在閩東再娶 氏生以湙遂寄籍瀋陽以湙字若邛由貢監考授中翰瀋繹清字卓有才名遷閩省汀郡司馬篙浮粮公收斛嚴胥役之弊粮務肅然甲寅乙卯間兵燹之後郡學頹廢公捐俸修葺庀材鳩工不遺餘力而殿廡房廊戟门泮池啟聖奎星名宦之屬無不巍乎煥乎郡人咸嘖嘖頌勿衰康熙二十三年陞佁吳知府公籍瀋陽佁吳之所自出也母祖之墓期功之親咸在一旦來

守是邦一時士人咸謂買臣再見于今也蒞桑梓之邦止小心敬慎恪守章程非臚列政績豈矜溢之可比今姑舉其一二大者言之於越千岩競秀萬壑爭流鑑湖八百里畫饒水田之利然去海僅二三十里每夏秋怒濤迅發則海水直奔入城而郊外則一片汪洋桑田而滄海矣明嘉靖間郡守湯公建閘於山三江之西名曰應宿既成則海濤至閘而止不能狂肆不但斥鹵無虞而以時啟閉蓄洩得宜咸成樂土但啟閉則有閘夫因無經費甚爲苦之公曰此山會蕭三邑之民命所關閘夫有身有家不可不恤于是捐俸置田三十畝歲之所入以給閘夫俾無怨嗟矣又郡治倚臥龍山可以望氣祲察災祥觀農夫之耕耘視河流之灌溉亦刺史所不可少者宋刺史汪公建有鎮越堂而頹棄無蹤矣公重建之而

山之上下左右咸植松木至欝然蒼翠翠叆郡之大觀也太史因為之序而美之并汀州修學記詳録於后

見會稽襄溪上冶堂胡家傳

紹興縣志采訪稿

紹興縣志採訪稿

忠文王梅溪先生十朋

王十朋字龜齡樂清人資穎悟日誦數千言及長有文行聚徒梅溪受業者以百數入太學主司異其文秦檜死高宗親政策士先生以攬權對高宗嘉其經學淹通議論醇正擢爲第一學者爭傳誦其策以擬古鼂董上謂十朋乃朕親擢授紹興府簽判既至或以書生易之先生裁決如神時以四科求士帥王師心謂先生身兼四者以應詔名爲秘書郎兼建王府小學教授先是教授入講堂居賓位先生不可皇孫特加禮而位教授中坐奏解楊存中兵權除著作郎三十一年正月風雷雨雪交作先生以爲陽不勝陰之驗遺陳康伯書冀以春秋災異之説力陳于上崇陽抑陰以弭天變還大宗正丞請祠歸孝宗受禪起知嚴州歴除侍御史論史

丞相浩懷奸誤國植黨盜權忌言蔽賢欺君訕上為出浩知紹興府及楊存中復用出知饒州丞相洪文惠适請故學基益其圃先生曰先聖所居十朋何敢予人移知夔州饒民乞留不得至斷其橋復知泉州入為太子詹事禮遇有加累章告老以龍圖閣學士致仕命下而卒年六十謚曰忠文先生事親孝終喪不處內友愛二弟郊恩先奏其名歿而二子猶布衣書室扁曰不欺每以諸葛武侯顏平原寇萊公范文正韓魏公自比朱晦翁張南軒雅敬之時北方餘學未衰耆老尚多有聞先生風聲皆服其行事故紹興末乾道初士類常推先生為第一先生之學一出於正自孔孟而下惟韓文公歐陽公司馬公是師故其文粹然有春秋尚書論語解梅溪集子聞詩聞禮皆篤學自立參史傳

梓材謹案先生嘗爲張魏公所薦當以紫巖爲受知師其劾史忠定也謝山謂其言稍過云

以上見清鄞縣全祖望補本宋元學案卷四十四第十五頁

紹興縣志採訪稿

文靖魏鶴山先生了翁

魏了翁字華父邛州蒲江人慶元五年登進士第授簽書劍南西川節度判官召為國子正以校書郎出知嘉定府在蜀十七年而後入進兵部郎中累官至權工部侍郎降三官靖州居住史彌遠死以權禮部尚書還朝入對首乞明君子小人之辨次論故相十失猶存又及修身齊家六閱月以端明殿學士同簽樞密院事督視京湖軍馬尋復召還遂知紹興府安撫使而出嘉熙元年卒贈太師謚文靖雲濠案四庫書目有先生九經要義二百六十三卷鶴山全集一百九卷別有經外雜鈔古今考等書

以上見清餘姚黄宗羲宋元學案卷八十之第二頁

忠介達先生泰不華

泰不華字兼善以父為台州録事遂居於台家貧好讀書周仁榮養而教之年十七江浙鄉試第一明年對策大廷賜進士及第授集賢修撰累官至禮部侍郎至正元年除紹興總管召入史館與修三史陞禮部尚書出為台州路達魯花赤方國珍作亂死之追贈江浙行省平章政事封魏公謚忠介

以上見清餘姚黄宗羲宋元學案卷八十二之第七十二頁

·參政貢玩齋先生師泰

貢師泰字泰甫宣城人文靖公奎之子肄業國子學為諸生泰定四年釋褐擢應奉翰林文字除紹興路總管府推官治行為諸郡第一復入翰林累除吏部侍郎禮部尚書江浙行省參知政事改除戶部尚書分部閩中召為祕書卿行至浙之海寧得疾而卒先生性倜儻狀貌偉然既以文字知名而於政事尤長所至績效輒暴著尤喜接引後進士之賢不問識不識即加推轂以故士譽翕然咸歸之有詩文若干卷行于世 參史傳

雲濠謹案先生號玩齋萬姓統譜載其官浙江參知政事移家烏程四庫書目著錄玩齋集十卷拾遺一卷提要稱其本以政事傳而少承其父家學又從草廬受業與虞揭諸公遊故文章亦具有源本云

以上見清餘姚黃宗羲宋元學案卷九十二第四十一頁

紹興縣志採訪稿

柯橋司巡檢金公德政記

筱竹金公官吾鎮既有年，勤於民事。歲戊戌夏，米價騰貴，紳董集貲設平糶局於城隍廟，公捐俸五十金為之倡。每開局，輒親莅，風雨無間。喧競者斥之，懦弱不能得者助之，頌声徧道路。逮局撤而款有贏，當事者還所捐于公，至再至三，不納，曰：「吾官于斯，即衣食于斯之金也。仍官之有區區者潤之吾民，聊以減吾愧。」卒不納。嗟乎！自捐輸開而仕途雜，較地方之肥瘠，量陋規之多寡，若居官者分內事，至于民間疾苦，則漠然無動于中，州縣吏類然，佐貳官不足繩矣。愚嘗謂居官之道，必視一方之事如一家事，如一身事，乃能親切以為之謀。何則？子弟遇危急，父兄無不閔救之者；肌膚有隱患，手足無不捍衛之者。使佐貳官而皆如公，進之為州縣吏為督撫司道而皆如公克勤民之一念將利無不興弊無不革民困既蘇國勢以強又何有外侮之足憂者惜所設施限於一隅也公安徽歙縣人名光煦以廕得官尊甫贈知事公殉粵寇之難與室程宜人並得旌有雙旌堂殉難事略為公所輯公他政績皆可述不備書書其大較以風後之官吾鎮者　見愧廬文鈔

郡守南瑞泉先生大吉

南大吉字元善號瑞泉陝之渭南人正德辛未進士授戶部主事歷員外郎郎中出守紹興府致仕嘉靖辛丑卒年五十五先生幼穎敏絶倫稍長讀書爲文即知求聖賢之學然猶豪曠不拘小節及知紹興府文成方倡道東南四方負笈來學者至於寺觀不容先生故文成分房所取士也觀摩之久因悟人心自有聖賢奚必他求一日質於文成曰大吉臨政多過先生何無一言文成曰何過先生歷數其事文成曰吾言之矣先生曰無之文成曰然則何以知之曰良知自知之文成曰良知獨非我言乎先生笑謝而去居數日數過加密謂文成曰與其有過而悔不若先言之使其不至於過也文成曰人言不如自悔之真又笑謝而去居數日謂文

成曰身過可免心過奈何文成曰昔鏡未開可以藏垢今鏡明矣一塵之落自難住脚此正入聖之機也勉之先生謝别而去闢稽山書院身親講習而文成之門人益進入覲以考察罷官先生治郡以循良重一時而執政者方惡文成之學因文成以及先生也先生致書文成惟以不得聞道爲恨無一語及於得喪榮辱之間文成嘆曰此非真有朝聞夕死之志者不能也家居搆湭西書院以教四方來學之士其示門人詩云昔我在英齡駕車詞賦場朝夕工步驟追踪班與楊中歲遇達人授我大道方歸來三秦地墜緒何茫茫前訪周公跡後竊橫渠芳願言偕數子教學此相將

清姚江黄宗羲明儒學案卷二十九

宗伯吳霞舟先生鍾巒

吳鍾巒字巒穉號霞舟武進人也崇禎甲戌進士先生弱冠為諸生出入文社講會者四十餘年海內推為名宿以貢教諭光州學從河南鄉舉登第時年已五十八矣授長興知縣閹人崔璘榷醝以屬禮部郡縣先生不往降紹興照磨量移桂林推官南渡陞禮部主事未上而國亡閩中以原官召之上書言國事時宰不悅先生曰今日何等時如某者更說一句不得耶出為廣東副使未行而國又亡遁跡海濱會　浙至中左建國以一旅奉之二三人望皆觀望不出先生曰吾等之出未必有濟然因吾等之不出而人心解体何以見魯衛之士亦惟以死繼之而已起為通政使及返浙海先生以禮部尚書　所至録其士之秀者為弟子員率

之見于　僕僕拜起人笑其迂先生曰此與陸君寘舟中講大學正心章一例耳後退處補陀聞滃洲事亟先生曰昔者吾友李仲達死奄禍吾尚為諸生不得請死吾友馬君常死國難吾為遠臣不得從死國事之壞吾已辭行不得驟死吾老矣不及此時此土死得明白乾淨即一旦疾病死何以謝吾友見先帝於地下哉復渡海入　洲辛卯八月末于聖廟右廡設高座積薪其下城破捧夫子神位登座危坐舉火而卒年七十五先生受業於涇陽而于景逸玄臺季思皆為深交所奉以為守身法者則淇澳困思抄也在長興五載以為差足自喜者三事一為子劉子弔丁長儒至邑得侍杖履一為九日登烏膽山一為分房得錢希声所謂道德文章山水兼而有之矣先生嘗選時文名士品擇一時之有品行

者不滿二十人而某與焉其後同處圍城執手慟哭某別先生行三十里先生復棹三板追送其語絶痛薛諧孟傳先生所謂嗚咽而赴四明山中之招者此也嗚呼先生之知某如此今抄先生學案去之三十年嚴毅之氣尚浮動目中也

清姚江黄宗羲明儒學案卷六十一

紹興縣志採訪稿

湖唐林館駢體文卷二

送高次封太守歸利津序

丁卯四月太守高君以瘖疾罷郡治任將歸予棄小舠送之戚歡河側夫更代之際仕宦所難堪別離之頃朋友所慘戚況君以馮唐之年褱焦先之疾賓客盡散吏役揶揄國無祖筵郊無飲帳行李蕭特山川黯然而予與君有同官之雅託相知之深凡君之忤上官治大姓絕宵人懲奸吏皆與予事相連謗亦隨及則君之去也曷能無言今夫驚飇轉輸不能動地疾湍走舳無由撼山故貞柯之姿因霜雪而彌厲香草之鬱炳脂膏而愈芳出處均涂榮辱任遇君早淬正學峻風裁生齊魯之邦習伏鄭之教登鄉書者十二年始成進士觀政戶曹都中百司閒冷為職獨地官之屬斡運

錢穀館鍺利權天下視為膏腴
朝廷倚其籌算望郎氣炎灼灼為甚侈濮陽之酒肉飾臨汝之車牛外結吏胥内交宦寺道光以後四方用兵帑藏久虛餉犒尤亟於是大鹽大治爭以貲進郎選益衰利術亦殫人人自以為宏羊不數劉晏復生持權軋傾輕佻並用斗筲姓名録録可算而君澹若無與泊焉寡營官郎署者二十年始以上考出為吾郡越新復於寇又遭大水巨浸稽天民棲山堞橋匽盡壞田不可耕而郡之搢紳狃禍怙惡視為利藪浙之大吏出於兵子納貨方競州縣瘠饒皆有則程上朦下欺諱言歉災君始隸任蹙頞嗷野申請振澹謀所安集而兩邑之令方興催科林居虎冠計畝斂賄率倍常賦名修海塘大肥其家君力相抗拒卒於不勝由是羣猾聚雷併力

撼君弟五之議發倉欲因委罪嚴詡之期閉閣將以見徵西隄甫完東閘告塞三縣之水邕而不流萬頃之田潦以不治君大集繇更廣設畚臿督視疏鑿躬為拊勞露宿兼旬風雪不解遂中危疾口不能言視事甫期因之去位王尊之捍瓠子方欲填身劉馥之治芍陂竟以成疾懿美所紀前修昌稱至于待予之誠尤見古人之誼予初入戶部君為陝西司主稿於曹中資最深曹之故事掌印與主稿者頤指令史鼻鼾刺天寮吏唯阿嚴事維謹鈐尾畫諾不問所事尚書侍郎呵殿而至揎袖抱牘揚揚升堂寮吏稱娖魚貫側行屏息立後不出一語長貳相見莫知誰何前者咨事既完復隨其後郤縮而退歸夸妻子以為今日對尚書爭某事談還除之消息數車藥之煇煌至度支何所籌平準何所恃孰為竭澤孰

為漏卮出入十年芴莫一致予裒冰子之癖之山郎之錢往往箕踞以對要人白眼以目諂客腰扇所障莫名何官策蹇所經從不入署蓋與君同寮者二年惟一見相揖而已及君出守適予告歸虛己諮詢有逾疇昔屆年申敬致饋明虔舍輿以就篳圭懷金而資鬻鬻蕺山之長講席久虛君奉幣造廬禮請再四時居鄉者珂轍相望皆久齒科第數歷省臺又多與君為同年或挾朝貴之牘要說百端排擯互起效婢郄於暮夜張蟁矢以滿天而君守志益堅奮髯抵几以為名山之席豈校官貲墨敗之夫何堪師長烏虖昔者陳留問士止有子尼皇甫迎賓惟知逢掖以予之植身頹俗堙掌橫流許請之忤鄉評侍供馬磨吳質之抗郡品惟作溺攢指原次以跖徒目施嬙為顛醜而君之匡持雅道鎮遏浮言較之翁

子下車禮故交之錢勃長孫馳記修灑掃於龍邱垂爲佳談蓋又遠過夫會稽名郡節義所區自官司失人禮教不立君之岐設翼起貪頑月計有餘歲周竟去吴民抱鄧慨謝令之難推潁川送黄恐屠伯之將至驪駒已奏鷁首遄征江上一帆送旌節以遠去署中孤榻接筇屐以何期繞城荷葉田田去思臨路榴花悠悠水驛利津地接勃海郡系樂陵魚鱻大饒秔稻已熟解章組就田園扶子攜孫强飲飽食青山無恙傳衣冠洛社之圖惠風遠來發鼓角雷門之響

紹興縣志採訪稿

廖宗元傳

廖宗元字梓臣湖南甯鄉人道光丁未進士以知縣分發浙江咸豐十年署歸安知縣有政声其明年賊自廣德趨長興民心洶洶不知所為宗元曰賊易與耳湖城據形勝可戰可守甯坐而待斃乎會郡紳趙景賢自蘇州馳至遂定議固守宗元有機謀家居時練習兵事故布置井井賊至屢却城賴以全四月賊再至圍城再三面宗元夜率精卒百人亂流而渡直擣賊營賊自夢中驚起倮体四竄生禽四十六斬級百是役也賊連營數十里衆號十萬以昏不辨官兵多少驚擾達旦自是不敢近城遂解圍去當是時巡撫王有齡多歸功於趙景賢而湖城百姓則惟宗元是頌於是有蜚語上聞者宗元解任听勘學使張錫庚力白之巡撫巡撫亦微

容其枉會浙東事急以宗元能任勞怨檄署紹興府事宗元至一
欲以治湖州者治紹興而事已不可爲紹興民不樂城守奸民又
造作謠言喜與宗元左宗元志不得展賊至城陷宗元死之時十
一年九月二十八日巡撫左宗棠請於　朝　賜邺如例
見浙江忠義録卷二

繆梓傳

繆梓字南卿江蘇溧陽人道光戊子舉人以大挑知縣至浙初署仙居縣在萬山中民狡獪境多盜梓日坐堂皇召吏胥發奸狀禽首惡置諸法盜少息調石門奉化皆有声充甲辰科同考官奉化民變戕知縣梓坐失察降調旋復原官捐升同知署杭州府總捕同知咸豐壬子辦科場事巡撫黃宗漢為監臨官是歲苦旱漕艘尼不行豐工又决部臣咨令南漕變價漕督主截浙漕江督主截湖廣漕議不下宗漢以為憂一夕呼梓議漕事梓曰浙固議海運矣憚創始與旂丁滋衅耳然江南有成案海運取道上海甚便在上事公任之在下事梓任之宗漢以為然飛章入　告得
旨允行剋期而舉六月蕆事聞於　朝奉　旨以知府留浙是年

署紹興知府題補甯波知府三年八月上海劉麗川叛徒黨陷嘉定寶山南匯青浦逼松江梓赴東洨防堵先是賊有二諜往來接濟獲一人斬之其一遁賊氣沮上海久不復海運改道劉河梓回浙治海運事調署杭州府四年五月海運再竣奏 旨開缺以道員用五年正月上海克復江蘇巡撫吉爾杭阿以梓首獲賊諜斷接濟功奏 賞花翎時何桂清撫浙調梓歷署鹽運司杭嘉湖道按察司六年春賊自江西撫建窺浙境梓赴衢州督防劉與貴州安義鎮總兵饒廷選分統其軍八月賊從貴溪弋陽攻廣信知府沈葆楨來乞師廷選軍赴援梓應之賊遁去是年冬巡撫晏端書奏補梓金衢嚴道廷選亦調衢州鎮七年十二月賊首石達開出撫州金溪東鄉貴溪大舉犯浙號八十萬人梓策賊來必經廣豐

下玉山請分二千人駐廣豐盡起常開之兵屯玉山留一軍守白沙關而率親軍五百人營常山為後勁八年正月朔前隊方入廣豐而賊已合圍後軍不能進廷選至大南橋為賊所敗退至常山賊遂越廣豐犯江山梓亟分兵救江山與廷選躡保郡城甫至開江山陷賊已逼南山遂自將數百人與戰城下大破之乃下令守城越日江西援師至者七千人賊亦大至又三日援師繼至始合營逆擊盡焚賊營賊復隅河連營橫亙二百餘里西陷常山開化南陷遂昌松陽入處州遍永康窺金華賊圍衢州凡九十一日大小數十戰掘地道者五卒不得逞而新授衢州鎮李定泰復自壽昌引兵來賊宵遁圍既解餘郡縣次第克復叙功加按察使銜調署按察司九年署鹽運司十年春南陵賊進圍杭州城中無守兵

召募檄調止七千餘人城廣三千七百餘堞梓在營務處值大雨浹旬火器不得發又兵民相仇梓知不可為誓死守雲居山當賊衝露宿城上數日夜督仁和知縣李福謙依山治内濠雨甚工不得就城陷之日雨忽止地道火猝發守兵皆潰梓被賊斫十餘處猶屹立斷其右足始仆福謙同死別有傳梓死後為巡撫王有齡所劾追奪卹典門人會稽趙之謙伏　闕訟冤乃復還之

見浙江忠義録卷一

徐榮傳

徐榮字鐵孫廣東駐防漢軍正黃旂人由嘉慶丙子舉人任直隸藁城縣訓導道光丙申成進士以知縣分發浙江會英吉利擾海上巡撫劉韻珂檄榮綜軍需局務有廉能声補臨安縣知縣旋擢玉環廳同知道光二十八年授紹興知府值水災飢民聚食富家粟勢洶洶榮撫輯有方民以不擾咸豐二年調知杭州府尋署杭嘉湖道六年部選福建汀漳龍道未聞　命率師援徽州軍次漁亭賊大集餉不繼軍潰或勸榮走榮笑曰此正吾報　國之日若畏死可速去親軍數人皆泣曰願從死遂騎而待於隘賊以長矛進榮奪矛刺之斃數賊傷腰墜澗中賊攢刃之卒長子慮善時隨營督後隊赴救不及奪尸斂之喪歸妾伍氏撫棺一慟縊以殉榮

性剛介博學能詩嗜金石工書畫爲諸生時受知故總督阮元爲
學海堂長服官日所至皆有惠政及其死也大吏爲請於　朝入
祀昭忠名宦兩祠任紹興時曾倡修西小塘士民感其惠於漢劉
太守祠旁建專祠焉著有懷古田舍詩集梅氿行世儀禮補注未
成稿佚

見浙江忠義録卷一

包楨傳

包楨江蘇丹徒人官會稽縣典史咸豐十一年九月賊圍紹興楨奉知府廖宗元檄協同守城晝夜登陴寢食俱廢及至二十九日城陷賊蟻附上楨身受重傷家丁包忠救之甦署公服坐堂詈賊至踞案以鐵筒擊賊首羣賊攢刃之剖其腹執包忠去越二年楨子典史蕙生來浙尋親適忠自賊中逸出因悉死狀呈請奏卹

見浙江忠義録卷二

紹興縣志採訪稿

卓大林傳

卓大林江西贛縣人道光二十三年椎升浙江金華右營守備二十六年調勦奉化土匪咸豐二年調剿甯波東鄉土匪均有功洊升至温州右營游擊會勦永嘉大羅山賊匪有功廣艇突入内港擊退之五年總督王懿德保升甯波參將六年巡撫何桂清保加副將銜七年三月督川浙兵赴衢州仙霞關防堵八年調守杭城旋署處州鎮總兵補紹興協副將十年再調赴省以擊退餘匪功賞花翎十一年城陷死之其從父四品封員武生世桂外舅武生陳習演子婦譚氏女二姑三姑皆赴水死

見浙江忠義録卷三

紹興縣志采訪稿

茅鐔傳

茅鐔錢塘縣人少讀書道光二十年海警始入營充伍任紹興澥山汛外委升湖州新市汛把總嘗從候補道仲孫懋緝禽槍船匪徒調補撫標左營把總賊犯省垣出擊有斬獲咸豐十年二月十九日賊圍城鐔守清波門晝夜不懈二十七日地雷發賊衆麕至鐔率衆力禦戰死城下親兵劉萬興逸出告其家人事　聞旌䘏如例

見浙江忠義録續編

紹興縣志採訪稿

劉尚書麟

麟字元瑞，安仁人，以武功籍隸南京。弘治丙辰進士。正德中除刑部主事，厤郎中，知紹興府，有異政。劉僅〔瑾〕修郎署時舊郤，廢爲編氓。恱吳興風土，遂徙家焉。僅〔瑾〕誅，起知西安，厤官參政、按察使，謝病歸。嘉靖初，太僕卿、副都御史，引疾得請。再起大理卿、刑部侍郎，尋陞工部尚書。遣近璫織造蘇杭，執奏忤旨，勒令觧職。年八十八，贈太子少保，謚清惠。元瑞舉進士，與顧華玉、徐昌穀號江東三才子。晚自稱坦上翁，與孫一元、張寰、吳琉、陸崑輩作湖南雅社。建安李尚書嘗訪之於峴山，了無宿具，以亂羊博市沽，風雨瀟瀟，欣然達夜。好樓居而力不能搆，文徵仲作神樓圖以遺之，楊用修、朱子价皆作神樓曲。張寰，字允清，崑山人，正德辛巳進士，起家知濟寧州，厤

紹興縣志采訪稿

官通政使司右參議强年去官徜徉吳越山水間其高風與坦上翁略相似而詩亦不甚工故附著之見列朝詩集丙十三今見越中文獻輯録卷四

周顒

顒字彥倫，汝南安成人，晉左光禄大夫顗七世孫。仕宋爲海陵國侍郎。蕭惠開臨益州，以爲厲鋒將軍，帶肥鄉、成都二縣令。隨府轉輔國參軍主簿，補安成王輔軍參軍。元徽初，出爲剡令。還歷邵陵王南中郎參軍。昇明中，轉齊臺殿中郎。高帝受禪，從長沙王後軍參軍、山陰令。還爲文惠太子中軍録事參軍，隨府轉征北。永明初，爲正員員外郎、始興王前軍諮議，轉太子僕，兼著作，遷中書郎，轉國子博士。有集十六卷。

言滂民於聞喜公子良 齊書周顒傳：建元初，顒爲山陰令，縣舊訂滂民以供雜使，顒言之於太守聞喜公子良。

駁伏曼容車旂尚色議 南齊書輿服志

與杜京産書 南齊書杜栖傳：中書郎周顒與京産書。

名宦　紹興縣志採訪稿

與何點廣弘明集點作㸃書勸令菜食南齊書周顒傳南史三十又見廣弘明集三十

荅張融書難門律弘明集六

重荅張融書難門律弘明集六

抄成實論序釋藏百一出三藏記集十一

以上見全齊文卷二十今見越中文獻輯録卷四

丘仲孚

仲孚字公信，吳興烏程人。齊永明初選爲國子生，舉高第，未調還鄉爲盜，郡召補主簿，歷揚州從事、太學博士、於湖令，父憂去職。明帝即位，起爲烈武將軍、曲阿令，遷山陰令，以贓敗，會赦入梁，復爲山陰令，治爲天下第一，超遷車騎長史、長沙内史，徵爲尚書右丞，遷左丞，進衛尉卿，歷南郡、江夏太守，終豫章内史，卒贈給事黄門侍郎。有皇典二十卷，南宫故事百卷。

答釋法雲書難范縝神滅論

伏覽敕旨，荅臣下審神滅論，聖照淵深，句括真俗，理超繫表，義貫羣識，鑽奉神猷，伏深舞蹈。惠示循戢，存眷。丘仲孚白。弘明集十

以上見全梁文卷五十六

今見越中文獻輯録卷四

南紹興元善

元善字伯子渭南人正德辛未進士厤戶部郎中知紹興府從王伯安講學復王右軍謝太傅爲權貴所疾嘉靖丙戌大計罷免歸搆酒水書院教後學有瑞泉集一卷見列朝詩集丙十六今見越中文獻輯錄卷四

紹興縣志採訪稿

蔡景歷

景歷字茂世，濟陽考城人。仕梁爲海陽令。武帝鎮京口，以爲征北記室參軍。承聖中，授通直散騎侍郎。敬帝即位，除司空從事中郎，遷給事黄門侍郎。陳受禪，除祕書監、中書通事舍人，坐事降爲中書侍郎。文帝即位，復爲祕書監，封新豐縣子，累遷散騎常侍、太子左衛率，進爵爲侯。免。廢帝即位，起爲鎮東鄱陽王諮議參軍，兼太府卿。宣帝即位，遷宣惠豫章王長史，帶會稽太守，行東揚州事。入爲通直散騎常侍、中書通事舍人，遷太子左衛率，坐事徙會稽。後爲征南鄱王參軍，遷員外散騎常侍，兼御史中丞，守度支尚書。太建十年卒，贈太常卿，謚曰敬。重贈中領軍。禎明初，配享高祖廟庭，重贈侍中、中撫軍，謚曰忠敬。有集五卷。

大行侠御服議陳書劉師知傳高祖崩六日成服朝臣共議大行皇帝靈座侠御人所服衣服吉凶之制博士沈文阿議宜服吉服劉師知議須服縗絰中書舍人蔡景歷亦云

又議上同

荅陳征北書陳書蔡景歷傳

以上見全陳文卷十五

今見越中文獻輯録卷六

傅隆

隆字伯祚，亮從兄。義熙初為孟昶建威參軍、員外散騎侍郎，坐辭兼免。復為會稽征虜參軍，除給事中、尚書僕射郎，坐丹陽尹徐羨之以為建威錄事參軍，尋轉尚書祠部郎、丹陽丞。初中從大子率更令、廬陵王義真車騎諮議參軍，出補山陰令。文帝即位，除司徒右長史，遷御史中丞，轉司徒左長史，出為義興太守，徵拜左民尚書，轉太常，拜光祿大夫，致仕。元嘉二十八年卒，年八十三。

論新禮表 宋書傅隆傳：元嘉十四年，太祖以新撰禮論付隆，使下意，隆上表。

黄初趙妻氏議 宋書傅隆傳、南史十五、通典一百六十七各有刪節，今合録之。

舞佾議 宋書樂志一：元嘉十三年，太常傅隆以為云云。又見通典一百四十七，作傅崇，避唐諱也。

紹興縣志采訪稿

以訡見全宋文卷二十七

今見越中文獻輯録卷六

褚玠

玠字温理，河南陽翟人。為王府法曹，歷外兵記室。天嘉中除桂陽王友，遷太子庶子、中書侍郎。太建中除戎昭將軍、山陰令，被讒免。還除電威將軍、仁威淮南王長史，尋掌東宮管記，遷御史中丞，卒官。至德二年追贈祕書監。有集十卷。

風裏蟬賦

有秋風之來庭，于高柳之鳴蟬。或孤吟而暫斷，乍亂響而還連。垂玄緌而嘶定，避黃雀而聲遷。愁人兮易驚，靜聽兮傷情。聽蟬兮靡惓，更相和兮風生。終不校樹兮寂寞，方復飲露兮光榮。初學記三十

以上見全陳文卷十六

今見越中文獻卷之五

名宦　紹興縣志采訪稿

紹興縣志採訪稿

唐故越州衙前總管杜府君墓誌銘

唐君諱闕其先闕平闕詩曾祖闕祖珍名官不叙欲畧故也府君氣宇英明風神容雄大闕門之緒且時從闕傑闕展伏波早世天命闕賢良所嗟太和三年三月二十六日私第而故享齡六十以其年四月二十四日卜闕於山陰承務鄉九里村馬闕之地宅兆之禮也夫人李氏元和十二年四月二日先夫而終内則令範可傳女史今合祔墳塋荅琴瑟榮枯嗣子師素弓裘克繼泣血茹闕哀號事喪岵瞻屺瞻闕雷在闕風悲拱木月闕佳城空〔恐〕山谷遷變勒銘萬古詞曰

府君之生林闕禄位文武猶歎令名天命何欺遷違人丗〔世〕喪親怙恃窀穸俄闕哀孤孝子荼毒肝腸奉柩扶護合葬龍岡松柏新栽

紹興縣志採訪稿

𠙶光萬古佳城異代刻名泉户

見全唐文卷九百十九

今見越中文献輯録卷五

沈憲

憲字彦章金紫光禄大夫演之從子泰始中爲駕部郎補烏程令入齊累遷少府卿左軍武陵王會稽司馬兼山陰令永明中爲晋安王後軍長史廣陵太守西陽王冠軍長史太守如故後除散騎常侍未拜卒

求改二豫屬郡啟

二豫分置以桒堁子亭爲斷頴川汝陽在南譙歷陽界内悉屬西豫廬江居晉熙汝陰之中屬南豫求以頴川汝陽屬南豫廬江還西豫　南齊書州郡志

上永明四年

以上見齊文卷十四

今見越中文獻輯録卷五

紹興縣志採訪稿

晉　粲

粲字孔休吴郡烏程人將軍孫河表爲曲阿丞遷長史孫權召爲主簿出爲山陰令尋爲川軍校尉黄武初遷會稽太守拜昭義中郎將入爲屯騎校尉少府遷太子太傅被譖誅

召處士謝譚敎

夫應龍以屈伸爲神鳳皇以嘉鳴爲貴何必隱形於天外潛鱗於重淵者哉　吴志吾粲傳

以上見全三國文卷六十八

今見越中文獻輯録卷二

紹興縣志採訪稿

賈至授崔寓給事中制見全唐文卷三百六十六

門下會稽太守崔寓識敏而周器清而直有冉季之政事兼應劉之詞藻累昇臺省咸以才遷驟歷藩僚特惟德舉左朝曹樞近爰司駮正宜擇士林之秀俾參鸞渚之榮可給事中

見越中文献輯録卷二

陳紹興勳

勳字元凱閩縣人萬曆辛丑進士授南武學教授轉國子助教南工户二部出知紹興府元凱夙標雅望能詩善畫未艾投簪杜門著述時人以陶元亮擬之見列朝詩集丁十六今見越中文獻輯録卷二

文種

種字子禽鄞人為越大夫勾踐滅吳種謀居多被讒於王乃賜屬鏤之劍遂伏劍而死

吳越春秋　越王勾踐五年五月與大夫種范蠡入臣於吳羣臣皆送至浙江之上臨水祖道軍陣固陵大夫文種前為祝其詞辭曰皇天佑助前沈後揚禍為德根憂為福堂威人者滅服從者昌王雖牽致其後無殃君臣生離感動上皇衆夫哀悲莫不感傷臣請薦脯行酒三觴越王仰天太息舉杯垂涕默無所言種復前祝曰大王德壽無疆無極乾坤受靈神祇輔翼我王厚之祉祐在側德銷百殃利受其福去彼吳庭來歸越國觴酒既升請稱萬歲

越王還於吳置酒文臺羣臣為樂（乃命樂師）作伐吳之曲樂師曰臣聞即事

作操功成作樂君王崇德誨化有道之國誅無義之人復仇還恥威加諸侯受霸王之功功可象於圖畫德可刻於金石聲可託於管絃名可留於竹帛臣請引琴而鼓之遂作章暢辭曰屯乎今欲伐吴可未耶大夫種蠡曰吴殺忠臣吴伍子胥今不伐吴人何須大夫進祝酒其辭曰皇天佑助我王受福良臣集謀我王之德宗廟輔政鬼神承翼君不忘臣臣盡其力上天蒼蒼不可掩塞觴酒二卅萬福無極（見陶元藻全浙詩話卷一 今見越中文獻輯録卷二）

干寶

寶字令升，新蔡人。元帝承制，召爲著作佐郎，賜爵關内侯。中興，建領國史，出補山陰令，遷始安太守。王導請爲司徒左長史，遷散騎常侍。有周易注十卷、周易宗塗四卷、周官注十二卷、春秋左氏傳義十五卷、晉紀二十三卷、搜神記三十卷、干子十八卷、集五卷。

表 初學記二十一

駁招魂葬議 通典一百三

王昌前母服論 王昌事詳前竟陵王楙文　晉書禮志中

晉紀總論 文選　藝文類聚十一　又見羣書治要二十九

晉紀論晉武帝革命 文選　藝文類聚十三

晋紀論姜維蜀志姜維傳評註

山亡論

搜神記序晋書干寶傳

司徒議御覽二百九

以上見全晋文卷一百二十七

今見越中文獻輯録卷二

父疾去職議　鄭鮮之

夫事有相權故制有與奪此有所屈而彼有所申未有理無所明事無所獲而爲永制者也當以去官之人或容詭託之事詭託之事誠或有之豈可虧天下之大教以末傷本者乎且設法蓋以衆苞寡而不以寡違衆況防杜去官而塞孝愛之實且人情趨於榮利辭官本非所防所以爲其制者蒞官不久則奔競互生故杜其欲速之情以申考績之實省父母之疾而加以罪名悖義疾理莫此爲大謂宜從舊於義爲允宋書鄭鮮之傳長吏以父母疾去官禁錮三年山陰令沈叔任父母疾去職鮮之因此上議從之

以上見宋文卷二十五全今見越中文獻輯録卷之一

紹興縣志採訪稿

大洪小洪

明詩綜　莆田洪楷從子珠後先知紹興府崇尚名教人歌曰大洪小洪先後同風以上見會稽陶元藻全浙詩話卷三十九今見越中文獻輯録卷一

紹興縣志採訪稿

王淮之

淮之字元曾（南史作元魯）弘從之晉御史中丞納之孫初為本國右常侍行桓玄大將軍參軍玄篡位以為尚書祠部郎義熙初為尚書中兵郎遷武帝車騎中軍參軍丹陽丞太尉中軍主簿出為山陰令與討盧循功封都亭侯又為武帝鎮西平北太尉參軍尚書左丞本郡大中正宋臺建除御史中丞坐謝靈運殺人不舉免官武帝受禪拜黃門侍郎遷司徒左長史出為始興太守文帝即位遷江夏王義恭撫軍長史歷陽太守入為侍中徙都官尚書改領吏部出為丹陽尹元嘉十年卒贈太常（案王淮之宋書目錄作淮之梁書王僧儒祖淮宋司徒左長史東海郯人非即此）奏請三年之喪用鄭義（宋書王淮之傳永初二年奏又南史二十四又通典八十永初元年黃門侍郎王淮

之奏

刑法議宋書王宏弘傳弘與八座丞郎疏左丞江奥右丞孔默之尚書王淮之殿中丞謝元吏部尚書何尚之皆有議

以上見宋全文卷十九

今見越中文獻輯録卷三